中学基礎がため100%

# できた！中1英語

文 法

# 文法 ｜本書の特長と使い方｜

## 「文法」「単語・読解」を相互に関連づけられる2冊構成

本シリーズは，十分な学習量によるくり返し学習を大切にしているので，「文法」「単語・読解」の
2冊構成となっています。「文法」を完全なものにするためにも2冊そろえての学習をおすすめします。

**❶ 〈解説〉を読んで 重要事項を理解**

各回の最初は，基本例文を交えた重要事項の説明になっています。
まずはここを読んで大切なことをおさえておきましょう。

**❷ 「最重要文の練習」で 基本例文を練習**

重要な基本英文を書いて覚えましょう。うすい字はなぞります。
ここだけ見直せば，重要英文集になります。

**❸ 「ポイント確認ドリル」で 基本の確認**

基本中の基本を，やさしいドリルを通して確認します。
できた問題は，□にチェックを入れましょう。

**❹ 〈書きこみ式ドリル〉で トレーニング**

やさしい問題から難しい問題へ，くもん独自のステップで，
文法の力がしっかり身につきます。

❶ 解説　　❷ 最重要文の練習　　❸ ポイント確認ドリル　　❹〈書き込み式ドリル〉1回分は見開き2ページで100点満点

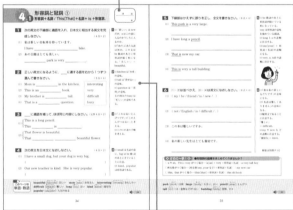

**まとめのテスト**　・・・1つ，もしくは複数のセクションをまとめて復習するテストです。

**総合テスト**　・・・1年分の確認テストです。1年間の成果を試しましょう。

問題を解くためのヒントは，問題が解けない時や，
答えがわからなかったときに，解答書と合わせて
利用しましょう。

🔊 〈解説〉の 🔊 の英文と，このページの単語・熟語「単語・熟語」の音声を聞くことができます。

各ページを学習しながら，または学習した後に，音声を確認するようにしましょう。音声を聞くこと，さらに音読することで，学習効果が高まります。

※「②最重要文の練習」で学ぶ全①〜㊹の英文も，🔊 1 で聞くことができます。音声学習を加えることで，重要文がより身につくでしょう。

### 音声の聞き方

**1. 音声アプリ きくもん  をダウンロード**
きくもん

・くもん出版アプリガイドページへ
　➡ 各ストアからダウンロード

シリアルコード **9784774331096**

**2. くもん出版のサイトから，
音声ファイルをダウンロード**

### ＼テスト前に，4択問題で最終チェック！／

テスト前
5科4択 **4択問題アプリ「中学基礎100」**

・くもん出版アプリガイドページへ
　➡ 各ストアからダウンロード

「中1英語 文法」パスワード **6324875**

* 「きくもん」，「中学基礎100」アプリは無料ですが，ネット接続の際の通話料金は別途発生いたします。

# もくじ　中1英語 文法

**1** 重要な項目ごとに、1から40まで通し番号をつけ、問題のページや解答書、『中1 単語・読解』からフィードバックできるようになっています。

❀ 基本例文

❀**参考**❀ 文法の内容に関連して覚えておいたほうがよいことです。

🔊 5 ❀ と このページの単語・熟語 では音声を聞くことができます。数字はページ番号です。

✓**注** まちがえやすい点や注意すべきことです。

☞**チェック 1** ほかのセクションにわたる文法事項も、このチェック番号から解説ページにもどって整理できます。復習に利用しましょう。

❀ **重　要** ❀ 英語の表現で特に重要なことです。

「教科書との内容対応表」から、自分の教科書の部分を切りとってここにはりつけ、勉強をするときのページ合わせに活用してください。

# This is ～. の文 ①

チェック **1・2**

## 1 チェック1 This is ～. / a＋名詞 / a と an

### 1 This is ～. の文

「こちらは～です」と人を紹介したり，物を指して「これは～です」というときに使う。

❀ **This is** Ken.（こちらは健です。）

└─ is が This ＝ Ken となるように結びつけている

### 2 a＋名詞

1つ，2つと数えられる名詞の前には「1つの～」の意味の **a** をつける。

❀ This is **a** book.（これは〔1冊の〕本です。）

名詞の前 ┘ └─「本」という名詞

❀ This is **my** book.（これは私の本です。）

└─ my，your(⇨ P.56)などがある場合や人名，地名の前には a はつかない

本が2冊以上のときは a や an は使えないよ。

### 3 a と an

名詞が母音( a, i, u, e, o に似た音)の発音で始まっているときは，a の代わりに **an** を使う。

❀ This is **an** apple.（これはリンゴです。）

└─ 母音で始まっているので an を使う

## 2 チェック2 That is ～. / too の用法

### 1 That is ～. の文

「あれは〔あちらは〕～です」というときに使う。That is は短くして That's とも表す。このような形を短縮形または縮約形という。

❀ **That is** a pencil.（あれは〔1本の〕えんぴつです。）

### 2 too の用法

「～も，～もまた」の意味を表すには，文末に⟨**, too**⟩をつける。too の前のコンマ(,)は省くこともある。

❀ This is my dog. That is my dog, **too**.

（これは私の犬です。あれも私の犬です。）

解答は別冊 P.2

●最重要文の練習● 次の英文を＿＿＿＿に書きましょう。

① **This is an apple.**　　　　　　　　　　　　　　（これはリンゴです。）

This is an
＿＿＿＿＿＿＿＿＿＿＿＿＿＿＿＿　＿＿＿＿＿＿＿＿＿＿＿＿＿＿＿＿

② **That is my dog, too.**　　　　　　　　　　　　（あれも私の犬です。）

too
＿＿＿＿＿＿＿＿＿＿＿＿＿＿＿＿　＿＿＿＿＿＿＿＿＿＿＿＿＿＿＿＿

## ▶▶▶ポイント確認ドリル

**1** （ ）内に補う日本語を右から1つずつ選び，書き入れなさい。

☐(1) This is Tadashi.

（　　　　　　　　　　）は正です。

☐(2) This is a pencil.

（　　　　　　　　　　）はえんぴつです。

| あれ |
| こちら |
| これ |

☐(3) That is a book.

（　　　　　　　　　　）は本です。

**2** 次の各文の空所に **a** か **an** を書き入れなさい。

☐(1) This is ＿＿＿＿＿＿ table.　　☐(2) This is ＿＿＿＿＿＿ egg.

☐(3) This is ＿＿＿＿＿＿ cat.　　☐(4) This is ＿＿＿＿＿＿ orange.

**3** 次の語群を日本文に合うように並べかえて，全文を書きなさい。

☐(1) これは日本です。　　( is / this ) Japan.

＿＿＿＿＿＿＿＿＿＿＿＿＿＿＿＿＿＿＿＿＿＿＿＿＿＿＿＿＿＿＿＿

☐(2) これは犬です。　　( a / this / is ) dog.

＿＿＿＿＿＿＿＿＿＿＿＿＿＿＿＿＿＿＿＿＿＿＿＿＿＿＿＿＿＿＿＿

---

このページの単語・熟語

**apple** [ǽpl]：リンゴ　**dog** [dɔ́ːg]：犬　**pencil** [pénsl]：えんぴつ　**book** [búk]：本
**table** [téibl]：テーブル　**egg** [ég]：卵　**cat** [kǽt]：ネコ　**orange** [ɔ́ːrindʒ]：オレンジ
**Japan** [dʒəpǽn]：日本

**1** 次の空所に **a** か **an** を書き入れなさい。必要のないときは×を書きなさい。 (各4点×6)

(1) This is _____ table.

(2) This is _____ egg.

(3) This is _____ my desk.

(4) This is _____ pencil.

(5) This is _____ album.

(6) This is _____ America.

**2** 次の絵の遠近に注意して，絵の中の英語を使って，「これは～です」，「あれは～です」という英文を書きなさい。 (各6点×4)

(1) a plane

(2) a dog

(3) my book

(4) Japan

(1) _____

(2) _____

(3) _____

(4) _____

**1** (2)，(5) egg, album の始まりの音に注意する。
(6) America は国の名前であることに注意する。

**2** 「これは～です」は This is ～. であり，「あれは～です」は That is ～. であることを確認しておこう。
(1) a plane は遠くにあるから「あれは飛行機です」という文を作る。
(2) a dog は近くにいるから「これは犬です」という文を作る。
(3) my book は離れたところにあるから「あれは私の本です」という文を作る。
(4) 地図中の Japan を指しているから「これは日本です」という文を作る。

このページの単語・熟語

**desk** [désk] デスク：机　**album** [ǽlbəm] アルバム：アルバム　**America** [əmérikə] アメリカ：アメリカ
**plane** [pléin] プレイン：飛行機　**my** [mái] マイ：私の

**3** 次の語群を, 日本文に合うように並べかえなさい。(各6点×4)

(1) これは私のネコです。( my / is / cat / this / . )

_____

(2) あれはあなたのペンです。( is / your / pen / that / . )

_____

(3) これもリンゴです。( apple / this / an / too / is / , / . )

_____

(4) これも私のえんぴつです。( my / too / this / is / pencil / , / . )

_____

**4** 次の日本文を英文になおしなさい。　　　(各7点×4)

(1) これは(1個の)オレンジです。

_____

(2) これは私のカメラです。

_____

(3) あれはあなたのえんぴつです。

_____

(4) あれも私のカメラです。

_____

解答は別冊 P.2

**3** (1)英語の文の基本は主語のあとに動詞がくるということ。
(2) your の前やあとにa はつかない。
(3) too は文末に置く。
(4) my の前やあとにも a はつかない。

> your は「あなたの」の意味で, my は「私の」の意味ね。

**4** (1) orange につけるのは a か an かを考える。
(2)「カメラ」= camera。
(3)「えんぴつ」= pencil。

❖ さらに一歩！ ❖　●a や an が使われないのはどんなときですか？

まず, a や an を使うのは, 1つ, 2つ…と数えられる名詞の前です。数えられる名詞でも my (私の)や your(あなたの)などの前に使うことはできません。また, 人の名前や国の名前の前にも使うことはできません。数えられない名詞には water(水), milk(牛乳), butter(バター)などがあります。

cat [kˈæt]:ネコ　your [júər]:あなたの　pen [pén]:ペン　pencil [pénsl]:えんぴつ
orange [ɔ́:rindʒ]:オレンジ　camera [kˈæmərə]:カメラ

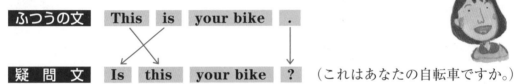

# 1 チェック3 This[That] is ～. の否定文 / 疑問文と答え方

**1 This[That] is ～. の否定文**

「～ではない」と打ち消しの意味を表す文を**否定文**という。This[That] is ～. の否定文は is のあとに not を置けばよい。is not の短縮形 isn't を使ってもよい。

❀ This is **not** my camera.　（これは私のカメラではありません。）

↑ is のあとに not を入れる　　is not = isn't

**2 This[That] is ～. の疑問文と答え方**

> ピリオド (.) をクエスチョン・マーク (?) にするのも忘れないでね。

相手に何かをたずねる文を**疑問文**という。

This[That] is ～. の文を疑問文にするには, is を this[that] の前に出す。

| ふつうの文 | This | is | your bike | . |

| 疑問文 | Is | this | your bike | ? |　（これはあなたの自転車ですか。）

答えるときは,「はい」なら Yes, it is.,「いいえ」なら No, it is not[isn't].
と答える。this や that の代わりに it を使うことに注意する。

# 2 チェック4 or のある疑問文 / What のある疑問文

**1 or のある疑問文**

or は「それとも, または」の意味で, 2つのうちどちらであるかをたずねるときに使う。Is this[that] A or B? で「これ[あれ]は A ですか B ですか」の意味になる。答えるときは, Yes, No は使わずに It is[It's] ～. の形にする。

> an を忘れないでね！

❀ Is this *an* apple **or** *an* orange? —— It's an apple.

　（これはリンゴですか, **それとも** オレンジですか。—— リンゴです。）

**2 What ～? の疑問文**

What is[What's] ～? の形で「～は何ですか」の意味を表す。What のあとは疑問文の語順を続ける。答えるときは, It is ～. か短縮形の It's ～. の形にする。

❀ **What is** that? —— **It's** a bird.　（あれは何ですか。—— それは鳥です。）

③ **Is this your bike?** （これはあなたの自転車ですか。）

Is this ＿＿＿＿？

＿＿＿＿＿＿＿＿＿＿＿＿＿＿＿＿＿＿＿＿ ＿＿＿＿＿＿＿＿＿＿＿＿＿＿＿＿＿＿

④ **What is that?** （あれは何ですか。）

What is ＿＿＿＿？

＿＿＿＿＿＿＿＿＿＿＿＿＿＿＿＿＿＿＿＿ ＿＿＿＿＿＿＿＿＿＿＿＿＿＿＿＿＿＿

## ▶▶▶ポイント確認ドリル　　　　　　　　　　解答は別冊 P.2

**1** 各文を(1)・(2)は否定文に，(3)・(4)は疑問文に書きかえるとき，＿＿に適する語を書きなさい。

☐(1)　This is a table.　　　　　This is ＿＿＿＿＿＿ a table.

☐(2)　That is my bike.　　　　That is ＿＿＿＿＿＿ my bike.

☐(3)　This is an egg.　　　　＿＿＿＿＿＿ this an egg?

☐(4)　That is your computer.　　Is ＿＿＿＿＿＿ your computer?

**2** ＿＿＿に **Yes** か **No** を入れて，問答文を完成しなさい。

☐(1)　Is this a dog? —— ＿＿＿＿＿, it is.

☐(2)　Is that a plane? —— ＿＿＿＿＿, it is not.

☐(3)　Is this your bike? —— ＿＿＿＿＿, it isn't.

**3** 次の語群を日本文に合うように並べかえて，全文を書きなさい。

☐(1)　これは日本ですか中国ですか。　Is this ( or / Japan / China )?

＿＿＿＿＿＿＿＿＿＿＿＿＿＿＿＿＿＿＿＿＿＿＿＿＿＿＿＿＿＿＿＿＿＿

☐(2)　これは何ですか。　( is / what ) this?

＿＿＿＿＿＿＿＿＿＿＿＿＿＿＿＿＿＿＿＿＿＿＿＿＿＿＿＿＿＿＿＿＿＿

このページの
単語・熟語
**bike** [báik]：自転車　**table** [téibl]：テーブル　**egg** [ég]：卵
**computer** [kəmpjú:tər]：コンピュータ　**plane** [pléin]：飛行機　**China** [tʃáinə]：中国

**1** ＿＿に適する語を右から1つずつ選んで書きなさい。(4点×4)

(1) This is ＿＿＿＿＿＿ a pencil.

(2) Is ＿＿＿＿＿＿ your house?

(3) ＿＿＿＿＿＿ is that?

(4) Is this your book ＿＿＿＿＿＿ my book?

| or | not |
| this | what |

**2** 絵を見て，それぞれの＿＿に適する語を補って問答文を完成しなさい。

(完答5点×4)

(1) Is this a piano?

── ＿＿＿＿＿＿, it ＿＿＿＿＿＿.

(2) Is that a ball or an egg?

── It is ＿＿＿＿＿＿ ＿＿＿＿＿＿.

(3) Is this a car or a bus?

── It is ＿＿＿＿＿＿ ＿＿＿＿＿＿.

(4) What is this?

── It is ＿＿＿＿＿＿ ＿＿＿＿＿＿.

**1** それぞれ次の意味になるようにする。
(1)「これはえんぴつではありません」
(2)「これはあなたの家ですか」
(3)「あれは何ですか」
(4)「これはあなたの本ですか，それとも私の本ですか」

**2** まず質問の意味を正しく読み取ろう。
(1)「これはピアノですか」
(2)「あれはボールですか，それとも卵ですか」
(3)「これは乗用車ですか，それともバスですか」
(4)「これは何ですか」
(1)以外は Yes，No では答えないことに注意する。

このページの単語・熟語

**pencil** [pénsl]：えんぴつ　**house** [háus]：家　**book** [búk]：本　**piano** [piǽnou]：ピアノ
**ball** [bɔ́ːl]：ボール　**car** [káːr]：車，乗用車　**bus** [bʌ́s]：バス

**3** 〔　〕内の指示にしたがって書きかえなさい。　（8点×4）

(1) This is a calendar. 〔否定文に〕

_____

(2) That is my dictionary. 〔疑問文に〕

_____

(3) Is that a bird? Is that a plane? 〔or を用いて1つの文に〕

_____

(4) This is <u>an egg</u>. 〔下線部をたずねる疑問文に〕

_____

_____

**4** (1)・(2)は並べかえ，(3)・(4)は英文になおしなさい。（8点×4）

(1) これは本ではありません。 ( not / a / this / book / is / . )

_____

(2) あれは何ですか。 ( is / that / what / ? )

_____

(3) これはあなたのネコですか。── はい，そうです。

_____

(4) これは日本ですか，それともアメリカですか。── 日本です。

_____

解答は別冊 P.2・3

**3** 書きかえた文の意味はそれぞれ次のようになる。
(1)「これはカレンダーではありません」
(2)「あれは私の辞書ですか」
(3)「あれは鳥ですか，それとも飛行機ですか」
(4)「これは何ですか」

**4** (1) This[That] is ～. の文を否定文にするには，is のあとに not を入れる。
(2) What のあとは疑問文の語順になる。
(3)「ネコ」= cat。
(4)「日本」= Japan。「アメリカ」= America。

❖ さらに一歩！ ❖　● or の前後にくる語に注意！

or のある文では，or の前後にくる語（句）に注意しましょう。片方に a[an]がついて，もう片方にはついていないということがないようにしましょう。もともとつかないものにもつけてはいけません。

　　　× <u>a</u> pen or pencil → ○ <u>a</u> pen or <u>a</u> pencil　　○ Japan or America

**calendar** [kǽləndər]（キャレンダァ）：カレンダー，こよみ　**dictionary** [díkʃənèri]（ディクショネリィ）：辞書　**bird** [bə́ːrd]（バード）：鳥
**plane** [pléin]（プレイン）：飛行機　**Japan** [dʒəpǽn]（ヂャパン）：日本　**America** [əmérikə]（アメリカ）：アメリカ（合衆国）

11

# セクション 2-1 is, am, are のある文 ①

チェック 5・6

## 1 チェック5 He[She] is 〜. の文 / 否定文 / 疑問文と答え方

### 1 He[She] is 〜. の文

「彼は〜です」は **He is 〜.**,「彼女は〜です」は **She is 〜.** という。このように主語が he, she のときには is を使う。また，主語が he, she に置きかえることができるものにも is を使う。短縮形は He's, She's になる。is のような動詞を **be 動詞**という。

> **He is** a student.（彼は生徒です。）

> **Ms. Sato is** a teacher.（佐藤さんは先生です。）

疑問文のときは文末は上げ調子よ。

### 2 He[She] is 〜. の否定文

This[That] is 〜. の場合と同じように，**is のあとに not** を入れる。

> He is **not** my teacher.（彼は私の先生ではありません。）

### 3 He[She] is 〜. の疑問文と答え方

This[That] is 〜. の場合と同じように，is を主語の前に出す。

答えの文も is を使って答える。

答えるときも be 動詞を使うよ。

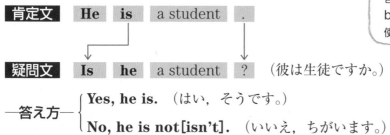

| 肯定文 | He | is | a student | . |

| 疑問文 | Is | he | a student | ? | （彼は生徒ですか。）

—答え方— { **Yes, he is.**（はい，そうです。）
{ **No, he is not[isn't].**（いいえ，ちがいます。）

## 2 チェック6 Who 〜? の疑問文と答え方

「〜はだれですか」とたずねるときは，**Who is 〜?** とする。答えの文は，He is 〜. She is 〜. であり，〜の部分には名前や家族・友人関係を表す語句がくる。

Who で始まる疑問文は下げ調子だよ。

> **Who is** she[this girl]?（彼女〔この少女〕はだれですか。）

—— **She is** Helen.（彼女はヘレンです。）

❋参考❋ this girl のように，this[that]が名詞の前に使われると，「この〔あの〕〜」という意味を表す。また，Who is の短縮形は Who's となる。

⑤ **He is a student.** （彼は生徒です。）

He is
_____    _____

⑥ **Who is she?** （彼女はだれですか。）

Who       ?
_____    _____

## ▶▶▶ポイント確認ドリル
解答は別冊 P.3

**|1|** 意味を考えて，____に **He** か **She** を書きなさい。

□(1) This is my mother. _____ is a nurse.

□(2) This is my father. _____ is a teacher.

□(3) This is my brother. _____ is a student.

□(4) This is my sister. _____ is a student, too.

**|2|** 各文を(1)・(2)は否定文に，(3)・(4)は疑問文に書きかえるとき，____に適する語を書きなさい。

□(1) He is my teacher.      He is _____ my teacher.

□(2) She is Akiko.      She _____ not Akiko.

□(3) He is a doctor.      Is _____ a doctor?

□(4) She is a nurse.      _____ she a nurse?

**|3|** ____に適切な語を入れて，問答文を完成しなさい。

□(1) Is your brother a student? —— Yes, _____ is.

□(2) Is your mother a teacher? —— Yes, _____ is.

□(3) Is your sister a nurse? —— _____, she is.

□(4) _____ is this boy? —— He is Akira.

---

このページの
単語・熟語

**student** [st(j)úːdənt]：学生，生徒 **mother** [mʌ́ðər]：母 **nurse** [nə́ːrs]：看護師
**father** [fɑ́ːðər]：父 **brother** [brʌ́ðər]：兄，弟 **sister** [sístər]：姉，妹
**doctor** [dɑ́ktər]：医者

**1** 次の英文の下線部に適語を入れ，日本文に相当する英文を完成しなさい。　(完答各4点×3)

(1) 彼は私の兄です。

_____ my brother.

(2) 彼女は私の先生です。

_____ my teacher.

(3) 彼は医者ではありません。

_____ _____ a doctor.

**1** いずれも短縮形が入ることに注意する。
(1) He is の短縮形が入る。
(2) She is の短縮形が入る。
(3) 2通りが考えられる。He is の短縮形か，is not の短縮形が入る。

**2** \_\_\_\_ に適語を入れて，問答文を完成しなさい。(完答各4点×4)

(1) _____ she your friend?

—— _____ , she is.

(2) _____ Ms. Yamamoto your teacher?

—— No, _____ isn't.

(3) _____ Mr. Nakamura a doctor?

—— Yes, _____ is.

(4) _____ is that man?

—— _____ my father.

**2** (1) 答えの文が she is だけなので，Yes の答えになる。
(2) Ms. は女性につく敬称であることから考える。
(3) Mr. は男性につく敬称であることから考える。
(4) 答えの文の空所には短縮形が入る。

**3** 次の英文を日本文になおしなさい。　(各4点×2)

(1) She is not my sister.  She is my new friend.

(　　　　　　　　　　　　　　　　　　　　　　　)

(2) Is Mr. Hayashi from Kyushu or Shikoku?

—— He is from Kyushu.

(　　　　　　　　　　　　　　　　　　　　　　　)

**3** (1) 最初の文は否定文であることに注意する。
(2) 主語が人の文に or を使ったもの。from の意味をまちがえないように。

このページの単語・熟語

**doctor** [dάktər]：医者　**friend** [frénd]：友だち　**teacher** [tíːtʃər]：先生，教師
**man** [mǽn]：男性　**new** [n(j)úː]：新しい　**from** [frʌ́m]：～出身の

**4** 〔 〕内の指示にしたがって書きかえなさい。 （8点×4）

(1) He is an English teacher. 〔否定文に〕

_____

(2) She is a college student. 〔疑問文に〕

_____

(3) This woman is <u>my aunt</u>. 〔下線部をたずねる疑問文に〕

_____

(4) This fruit is <u>an orange</u>. 〔下線部をたずねる疑問文に〕

_____

**5** (1)・(2)は並べかえ，(3)・(4)は英文になおしなさい。（8点×4）

(1) ( she / my / isn't / aunt / . )

_____

(2) ( Ms. / America / from / is / Smith / ? )

_____

(3) 彼は私の先生ではありません。彼は私の父です。

_____

(4) 彼女はだれですか。—— 彼女はケートです。

_____

**4** (1)否定文は is のあとに not を入れる。
(2)疑問文は is を主語(she)の前に出す。
(3)「こちらの女の人は私のおばです」を「こちらの女の人はだれですか」という疑問文にする。
(4)下線部は人ではなく物なので，who を使うことはできない。

**5** (1)isn't は is not の短縮形である。She is my aunt. を否定文にしたもの。
(2)Ms. は女性の名前の前につける。Ms. Smith is from America. を疑問文にしたもの。
(3)第1文は否定文になる。第2文は肯定文になる。
(4)「だれ」には who を使う。「ケート」＝Kate。

解答は別冊 P.3・4

---

❖ さらに一歩！❖　●人に **What** を使うことはできないのですか？

Who の質問には名前や，家族関係・友人関係を答えますが，What を使うと，おもに職業をたずねる言い方になります。What is he? —— He's a teacher. （彼は何をしていますか。—— 彼は教師です。）より丁寧で一般的な表現として，What does he do? も使われます。

---

**English** [íŋgliʃ]：英語（の）　**college student**：大学生　**woman** [wúmən]：女性　**aunt** [ǽnt]：おば
**fruit** [frúːt]：くだもの　**Ms.** [míz]：～さん（女性につける敬称）　**Smith** [smíθ]：スミス（名字）

# セクション 2-2 is, am, are のある文 ②

チェック 7・8

## 1 チェック7 I am ～. / You are ～. の文

### 1 I am ～. の文

「私は～です」と言うときは，**I am ～.** の形にする。

am は主語がIのときだけしか使わない。I am の短縮形は **I'm** となる。

> ✿ I **am** a college student. （私は大学生です。）

> am は主語が
> Iのときだけよ。

### 2 You are ～. の文

「あなたは～です」と言うときは，**You are ～.** の形にする。主語が you のときには are を使う。you are の短縮形は **you're** となる。

> ✿ You **are** a doctor. （あなたは医者です。）

## 2 チェック8 I am ～. You are ～. の否定文 / 疑問文と答え方

### 1 I am ～. You are ～. の否定文

am と are も be 動詞なので，is と同じように，am, are のあとに not を入れる。

> ✿ I am **not** a doctor. （私は医者ではありません。）
> └ = I'm not　※ am not の短縮形はない

> ✿ You are **not** from Hokkaido. （あなたは北海道の出身ではありません。）
> └ = You aren't / You're not　※ aren't は are not の短縮形

### 2 You are ～. の疑問文と答え方

疑問文も is の文と同じように，be 動詞を主語の前に出す。答えの文では「私は～」と主語がかわることに注意する。

> ✿ **Are you** a music teacher? （あなたは音楽の先生ですか。）

> ─ 答え方 ─ { **Yes, I am.** （はい，そうです。）
> { **No, I am not.** （いいえ，ちがいます。）

✿参考✿ I am ～. の疑問文と答え方は Am I ～? —— Yes, you are. / No, you are not. となるが，実際に使われることはあまりない。

⑦ **I am a college student.** （私は大学生です。）

I am
_____    _____

⑧ **You are a doctor.** （あなたは医者です。）

You are
_____    _____

**▶▶▶ポイント確認ドリル** 解答は別冊 P.4

**|1|** 各文の____に適する語を右から 1 つずつ選び，書き入れなさい。

☐(1) I _____ Yamada Keiko.

☐(2) You _____ a college student.

☐(3) _____ am a tennis player.

☐(4) _____ are a nurse.

| You | I |
|-----|-----|
| are | am |

**|2|** 各文を(1)・(2)は否定文に，(3)・(4)は疑問文に書きかえるとき，____に適する語を書きなさい。

☐(1) I am from Kagoshima.　　　I am _____ from Kagoshima.

☐(2) You are a doctor.　　　You are _____ a doctor.

☐(3) You are a student.　　　_____ you a student?

☐(4) You are Kate.　　　Are _____ Kate?

**|3|** ____に適切な語を入れて，問答文を完成しなさい。

☐(1) Are you a music teacher? —— Yes, I _____.

☐(2) Are you my teacher? —— Yes, _____ am.

☐(3) Are you from Yokohama? —— _____, I am.

☐(4) Am I your friend? —— Yes, you _____.

このページの
単語・熟語

**college student**：大学生　**doctor** [dάktər]：医者　**tennis** [ténis]：テニス　**player** [pléiər]：
選手　**music** [mjúːzik]：音楽　**teacher** [tíːtʃər]：先生　**friend** [frénd]：友だち

# 2-2 is, am, are のある文 ②

I am ~. / You are ~.の文 // I am ~, You are ~.の否定文 / 疑問文と答え方

**1** 各文の＿＿に **am**, **are**, **is** のうち，適するものを書きなさい。

（3点×4）

(1) You ＿＿＿＿＿ a baseball player.

(2) This ＿＿＿＿＿ my computer.

(3) I ＿＿＿＿＿ a high school student.

(4) Ms. Mori ＿＿＿＿＿ from Niigata.

**2** ＿＿に適語を入れて，問答文を完成しなさい。 （完答3点×4）

(1) ＿＿＿＿＿＿＿ you a new student?

—— Yes, ＿＿＿＿＿＿＿ ＿＿＿＿＿＿＿.

(2) Who ＿＿＿＿＿＿＿ ＿＿＿＿＿＿＿?

—— I'm Hiroshi, Ken's brother.

(3) Are ＿＿＿＿＿＿＿ from America?

—— Yes, I ＿＿＿＿＿＿＿.

＿＿＿＿＿＿＿ from New York.

(4) Are you a student ＿＿＿＿＿＿＿ a teacher?

—— ＿＿＿＿＿＿＿ a teacher.

**3** 次の英文を日本文になおしなさい。 （4点×3）

(1) I am a baseball player. You are a baseball player, too.

（　　　　　　　　　　　　　　　　　　　　）

(2) You are not my father, so I am not your son.

（　　　　　　　　　　　　　　　　　　　　）

(3) What are you? —— I am a pilot.

（　　　　　　　　　　　　　　　　　　　　）

**1** それぞれの主語に合った be 動詞を使う。
(4) Ms. Mori は She に置きかえられることから考えてみよう。

**2** それぞれ質問の意味は次のようになる。
(1)「あなたは新入生ですか」
(2)「あなたはだれですか」
(3)「あなたはアメリカの出身ですか」
(4)「あなたは学生ですか，それとも先生ですか」

※ 【重　要】 ※
(2) **Ken's** は「健の」という意味。**my** や **your** と違い，人の名前や人を表す語には〈's〉をつけて「〜の」の意味を表す。

☞チェック**20**

**3** (1) too は「〜 も」の意味。
(2) so の意味に注意しておこう。
(3) 本書 15ページの「さらに一歩！」を参照。

このページの
単語・熟語

**baseball** [béisbɔːl]ベイスボール：野球　**player** [pléiər]プレイア：選手　**high school student**：高校生

**New York** [n(j)ùː jɔ́ːrk]ヌー ヨーク：ニューヨーク　**so** [sóu]ソウ：だから　**son** [sʌ́n]サン：息子

**pilot** [páilət]パイロット：パイロット

18

18

**4** 〔　〕内の指示にしたがって書きかえなさい。　（8点×4）

(1)　He is a high school student. 〔下線部を You にかえて〕

_____

(2)　I am Kumi's sister. 〔否定文に〕

_____

(3)　You are from China. 〔疑問文に〕

_____

(4)　Yes, I am. I'm a teacher. 〔これが答えとなる疑問文に〕

_____

_____

**5** (1)・(2)は並べかえ，(3)・(4)は英文になおしなさい。（8点×4）

(1)　( are / classmate / not / you / my / . )

_____

(2)　( you / or / Yumi / Kumi / are / ? )

_____

(3)　私は大学生ではありません。

_____

(4)　あなたは医者ですか。—— いいえ，ちがいます。

_____

**4** (1)下線部は主語。主語がかわると be 動詞もかわる。
(2)否定文は be 動詞のあとに not を入れる。
(3)疑問文は be 動詞を主語の前に出す。
(4)「はい，私はそうです。私は教師です」→「あなたは教師ですか」と考える。

**5** (1)まず主語になるものを探し，その主語に合う be 動詞があるかに注目する。
(2)クエスチョン・マーク(?)があるので疑問文になる。
(3)「大学生」=college student。否定文になる。
(4)「医者」= doctor。質問の文，答えの文の主語に注意する。

解答は別冊 P.5

**❖ さらに一歩！❖**　●英語には日本語の「きみ」とか「おまえ」のような言い方はないのですか？

ないと考えてかまいません。したがって，年上の人にも，年下の人にも，相手を指して言う場合はyou，自分を指す場合はIを使います。どのような日本語になるかは，英語の文章の前後関係で判断します。これまで学んだhe, she についても同じことが言えます。

**sister** [sístər]：姉，妹　**from** [frʌm]：～出身の　**China** [tʃáinə]：中国　**I'm**：I am の短縮形
**teacher** [tíːtʃər]：先生，教師　**classmate** [klǽsmèit]：同級生，クラスメート

19

# 1 チェック9 like の文 / いろいろな一般動詞 / very much などの副詞

## 1 like の文

「〜が好きです」の「好きです」にあたる動詞には **like** を使う。このように，動作や心の思いなどを表す動詞を**一般動詞**という。

❀ I **like** *tennis*. （私はテニスが好きです。）

一般動詞 └── 「好きなもの」が like のあとに続く[スポーツ名に a, an はつけない]

❀ You **like** *music*. （あなたは音楽が好きです。）

└── この位置の語を目的語という[music や English にも a, an は不要]

## 2 いろいろな一般動詞

be 動詞以外はすべて一般動詞なので数多くあるが，よく使われるものに次のようなものがある。**have**（持っている），**play**（〔スポーツを〕する，〔楽器を〕弾く），**study**（勉強する），**know**（知っている），**speak**（話す），**go**（行く），**come**（来る）など。

## 3 very much などの副詞

動詞を修飾する語(句)を**副詞**といい，like 〜 very much（〜が大好き）の very much を指す。ほかに，(very) well(〔とても〕よく，上手に)，hard(一生けんめい)，every day(毎日)，fast(速く)，early(早く)，late(遅く)などがある。

# 2 チェック10 一般動詞の否定文

like などの一般動詞の否定文は，**do not** またはその短縮形の **don't** を動詞の前に置く。

肯定文 I *like* tennis .

└─ 一般動詞の前に

否定文 I **don't** *like* tennis . （私はテニスが好きではありません。）

❀ You **don't play** baseball. I **don't play** baseball, either.

（あなたは野球をしません。私も野球をしません。）

✾参考✾ 「〜も」はこれまで，〈(,) too〉を用いたが，上の例のように，否定文のあとにさらに否定文を続けて，「〜も(また…ない)」というときは〈(,) either〉を使う。

●最重要文の練習●　次の英文を_____に書きましょう。

⑨　**I like tennis.**　　　　　　　　　　　　　　　（私はテニスが好きです。）

I like tennis.

_____　　_____

⑩　**I don't like tennis.**　　　　　　　　　　（私はテニスが好きではありません。）

I don't

_____　　_____

---

**▶▶▶ポイント確認ドリル**　　　　　　　　　　　　　　　　解答は別冊 P.6

**|1|**　日本文に合うように，____に適する語を右から1つずつ選んで書きなさい。

☐(1)　私はバスケットボールが好きです。

I _____ basketball.

☐(2)　私は妹が1人います。

I _____ a sister.

☐(3)　私はあなたのお母さんを知っています。

I _____ your mother.

> know
> have
> like

**|2|**　次の各文の(　)内から適する語句を選んで，____に書きなさい。

☐(1)　You ( do not, are not ) speak Japanese.　　　　_____

☐(2)　I ( am not, don't ) like math.　　　　_____

**|3|**　次の語群を日本文に合うように並べかえて，全文を書きなさい。

☐(1)　私は一生けんめい英語を勉強します。　I ( English / study ) hard.

_____

☐(2)　私はあなたの犬が好きではありません。　I ( like / don't / your ) dog.

_____

---

このページの
単語・熟語

**basketball** [bǽskitbɔ̀:l]：バスケットボール　**know** [nóu]：知っている　**speak** [spí:k]：話す
**math** [mǽθ]：数学　**study** [stʌ́di]：勉強する　**hard** [há:rd]：一生けんめいに，熱心に

# セクション 3-1 like, have などの文 [一般動詞] ①

### like の文 / いろいろな一般動詞 / very much などの副詞 // 一般動詞の否定文

**1** 正しい英文になるように，＿＿に適する語を右から１つずつ選んで書きなさい。　　　　　　　　　　（2点×4）

(1) I ＿＿＿＿＿＿ soccer every day.

(2) I ＿＿＿＿＿＿ your cat very much.

(3) I ＿＿＿＿＿＿ a new bike.

(4) I ＿＿＿＿＿＿ English well.

> have
> speak
> play
> like

**2** （　）内から適する語を選び，＿＿に書きなさい。　（2点×4）

(1) I ( am, know ) your brother well.　＿＿＿＿＿＿

(2) You ( are, study ) math hard.　　　＿＿＿＿＿＿

(3) You ( aren't, don't ) have a car.　＿＿＿＿＿＿

(4) You ( aren't, don't ) a new student.　＿＿＿＿＿＿

**3** 次の英文を日本文になおしなさい。　　　　　　　（4点×2）

(1) You play the piano.  I play the piano, too.

（　　　　　　　　　　　　　　　　　　　　　　　　）

(2) I don't like math.  I don't like science, either.

（　　　　　　　　　　　　　　　　　　　　　　　　）

**4** 否定文に書きかえるとき，＿＿に適語を書きなさい。

（完答4点×3）

(1) I have a new car.

I ＿＿＿＿＿＿ ＿＿＿＿＿＿ a new car.

(2) You study English hard.

You ＿＿＿＿＿＿ ＿＿＿＿＿＿ English hard.

(3) I go to the park every day.

I ＿＿＿＿＿＿ ＿＿＿＿＿＿ to the park every day.

---

**1** 空所のあとにくる語句（目的語）と，動詞が表す意味が正しく結びつけられるかどうかを考える。
(1)「サッカーをする」
(2)「あなたのネコが好きだ」
(3)「新しい自転車を持っている」
(4)「英語を話す」

**2** 一般動詞の文か be 動詞の文かを考える。

**3** (1)「（楽器を）弾く」というときは，ふつう楽器の前に the をつける。
(2)否定文に使われる either は「〜も（ない）」の意味を表す。

**4** いずれも一般動詞の否定文になる。
(3)書きかえた文の意味は「私は毎日公園に行くわけではありません」であり，「毎日行かない」ということではない。

---

**このページの単語・熟語**

**soccer** [sάkər] サカァ：サッカー　**every day**：毎日　**bike** [báik] バイク：自転車　**well** [wél] ウェル：上手に，よく

**math** [mǽθ] マス：数学　**science** [sáiəns] サイエンス：理科，科学　**go to 〜**：〜へ行く　**park** [pάːrk] パーク：公園

**5** 正しい英文になるように，語群を並べかえなさい。(8点×4)

(1) ( I / a pencil / have ) in my hand.

_____ in my hand.

(2) ( play / I / the guitar ) in this room.

_____ in this room.

(3) ( know / not / I / do / your sister / well / . )

_____

(4) ( you / well / very / don't / play / the piano / . )

_____

**6** 次の日本文を英文になおしなさい。 (8点×4)

(1) 私は新しい自転車を持っています。

_____

(2) 私は野球をしません。

_____

(3) あなたは毎日ピアノを弾きます。私も毎日ピアノを弾きます。

_____

(4) 私は英語が好きではありません。数学も好きではありません。

_____

解答は別冊 P.6・7

**5** 一般動詞の肯定文か否定文になる。それぞれ次の意味の文を作る。
(1)「私は(私の)手にえんぴつを持っています」。in は「〜の中に〔で〕の意味。
(2)「私はこの部屋でギターを弾きます」
(3)「私はあなたのお姉〔妹〕さんをよく知りません」
(4)「あなたはピアノをあまり上手に弾きません」

**6** (1)「新しい」= new。「自転車」= bike。
(2)「(スポーツを) する」は play。「野球」= baseball。
(3)「〜も」は too。
(4)2つ目の文は主語を補って「私は数学も…」と考える。この文の「も」は too ではない。「数学」= math。

---

**❖ さらに一歩！❖** ● very などの副詞の使い方がはっきりしないのですが？

very は形容詞や副詞の前について「とても」と意味を強調します。

　very good (とてもよい ← 形容詞)　　　very fast (とても速く ← 副詞)

ただし，like 〜 very much は，このまとまりで「〜が大好き」の意味になります。

---

**pencil** [pénsl]：えんぴつ　**in** [ín]：〜の中に　**hand** [hǽnd]：手　**guitar** [gitá:r]：ギター
**room** [rú:m]：部屋　**know** [nóu]：知っている　**new** [n(j)ú:]：新しい　**baseball** [béisbɔ̀:l]：野球
**piano** [piǽnou]：ピアノ

# セクション 3-2 like, have などの文[一般動詞] ②

チェック **11・12**

## 1 チェック 11 一般動詞の疑問文と答え方

一般動詞の疑問文は，もとの文〔肯定文〕の文頭に **Do** をつければよい。

**もとの文**　　　You _**like**_ tennis .

└─ 文頭に

**疑問文**　**Do** you _**like**_ tennis ?

（あなたはテニスが好きですか。）

Do で始まる
疑問文も文末は
上げ調子だよ。

Do you like
tennis?↗

一般動詞の Do で始まる疑問文には，do を使って答える。

- Yes, I **do** . （はい，そうです。）
- No, I **do not[don't]** . （いいえ，ちがいます。）

Do で始まっても，次のように or のある文では，Yes, No は使わないことに注意。

❀ Do you like tennis _or_ baseball?

（あなたはテニスが好きですか，それとも野球が好きですか。）

── I _like_ tennis. （私はテニスが好きです。）　答えるときは tennis を強く読む

## 2 チェック 12 What do ～? / What＋名詞＋do ～?

### 1 What do ～?

**What** は「何」にあたる語で，一般動詞の目的語にあたる語を What にして文頭にもってきた疑問文と考えればよい。答えの文に，Yes, No は使わない。

❀ **What** do you have in your hand? ── I have _a pencil_.

（あなたは手に何を持っていますか。── えんぴつを持っています。）

※参考※ in は「～の中に」という意味を表す語で前置詞の１つである。ほかによく使われるものに on(～の上に)などがある。

### 2 What＋名詞＋do ～?

What は名詞の前につけて，「何の～，どんな～」という意味も表す。

❀ **What sport** do you like? （あなたはどんなスポーツが好きですか。）

── I like _tennis_. （私はテニスが好きです。）

⑪ **Do you like tennis?**　　　　　　　　（あなたはテニスが好きですか。）

Do you like　　　　?　　　　　　　_____

⑫ **What do you have?**　　　　　　　（あなたは何を持っていますか。）

What　　　　　　?　　　　　　_____

## ▶▶▶ポイント確認ドリル

解答は別冊 P.7

**1** 各文を疑問文に書きかえるとき，____に適する語を書きなさい。

☐(1) You like baseball.　　　_____ you like baseball?

☐(2) You study history.　　　Do you _____ history?

☐(3) You play tennis.　　　_____ _____ play tennis?

☐(4) You speak English.　　　_____ you _____ English?

**2** ____に適切な語を入れて，問答文を完成しなさい。

☐(1) Do you play the piano? —— _____, I do.

☐(2) Do you have a notebook? —— Yes, I _____.

☐(3) Do you play soccer? —— No, I _____.

☐(4) _____ do you like? —— I like music.

**3** 次の語群を日本文に合うように並べかえて，全文を書きなさい。

☐(1) あなたは熱心に英語を勉強しますか。　( you / study / do ) English hard?

_____

☐(2) あなたは何を持っていますか。　( you / what / do ) have?

_____

---

このページの
単語・熟語

**tennis** [ténis]：テニス　**baseball** [béisbɔ̀ːl]：野球　**study** [stʌ́di]：勉強する
**history** [hístəri]：歴史　**notebook** [nóutbùk]：ノート　**soccer** [sákər]：サッカー
**hard** [háːrd]：一生けんめいに，熱心に

# 3-2 like, have などの文［一般動詞］②
一般動詞の疑問文と答え方 // What do ~? / What ＋名詞＋ do ~?

月　日

点

**1** 次の英文の下線部に適語を入れ，日本文に相当する英文を完成しなさい。 （完答4点×3）

(1) あなたは毎日学校へ行きますか。

＿＿＿＿＿＿ you ＿＿＿＿＿＿ to school every day?

(2) あなたは何が好きですか。

＿＿＿＿＿＿＿＿＿＿ you like?

(3) あなたはどんなスポーツをしますか。

＿＿＿＿＿＿ ＿＿＿＿＿＿ do you play?

**2** それぞれの問いに対する答えの文を下から1つずつ選び，記号で答えなさい。 （4点×4）

(1) Do you have a piano? 〔　〕

(2) Do you play the piano? 〔　〕

(3) Do you like this flower or that flower? 〔　〕

(4) What do you study? 〔　〕

ア　I study English and math.

イ　No, I don't.  But I play the guitar.

ウ　I like this flower.

エ　Yes, I do.  I have a guitar, too.

**3** 次の英文を日本文になおしなさい。 （4点×2）

(1) Do you play soccer in this park every day?

（　　　　　　　　　　　　　　　　　　　　　）

(2) What book do you have in your bag?

（　　　　　　　　　　　　　　　　　　　　　）

右段:

1 いずれも主語がyouの一般動詞の疑問文になる。
(1)・(2)一般動詞の疑問文は主語の前に何をつければいいのかを考える。
(3)「どんなスポーツを」をどう表すかを考える。「スポーツ」＝ sport。

2 まぎらわしいものもあるので，落ち着いて解いてみよう。それぞれの質問の意味は次のようになる。
(1)「あなたはピアノを持っていますか」
(2)「あなたはピアノを弾きますか」
(3)「あなたはこの花が好きですか，あの花が好きですか」
(4)「あなたは何を勉強しますか」

3 (1)in this park は場所を，every day は時を表す副詞句。
(2)この文のWhat は形容詞の働きをしている。

このページの単語・熟語：**go to ~**:~へ行く　**school** [skúːl]:学校　**sport** [spɔ́ːrt]:スポーツ　**and** [ǽnd]:~と~　**but** [bʌ́t]:しかし，だが　**flower** [fláuər]:花　**park** [páːrk]:公園　**bag** [bǽg]:バッグ，かばん

26

**4** 〔 〕内の指示にしたがって書きかえなさい。 （8点×4）

(1) You like your dog very much. 〔疑問文に〕

_____

(2) Yes, I do. I like music. 〔これが答えとなる疑問文に〕

_____

(3) You have <u>a ball</u> in that box. 〔下線部をたずねる疑問文に〕

_____

(4) You see <u>a bird</u> in this picture. 〔下線部をたずねる疑問文に〕

_____

**5** (1)・(2)は並べかえ，(3)・(4)は英文になおしなさい。 （8点×4）

(1) ( you / my / know / do / sister / ? )

_____

(2) ( sport / do / what / play / you / ? )

_____

(3) あなたは毎日野球を練習しますか。

_____

(4) あなたは何を知っていますか。

_____

**4** いずれも一般動詞を使った疑問文になる。
(1)主語の前に何を置けば疑問文になるのか。
(2)「はい，そうです。私は音楽が好きです」からどんな疑問文が作れるかを考える。
(3)下線部は動詞 have の目的語になる。
(4)下線部は動詞 see の目的語になる。

**5** (1)・(2)それぞれ次の意味の疑問文を作る。
(1)「あなたは私の姉〔妹〕を知っていますか」
(2)「あなたはどんなスポーツをしますか」
(3)「練習する」
＝ practice。
(4)「知っている」
＝ know。

解答は別冊 P.7・8

❖ さらに一歩！❖ ● **have** の意味は１つだけではないのですか？

実際に「持っている」や「所有している」はわかりやすいですね。have はこれ以外にも，「（友人・家族などが）いる」（I have a brother.），「（動物などを）飼っている」（I have a dog.），さらには「食べる，飲む」の意味（I have lunch every day.）にも使われます。例文といっしょに覚えるといいですね。

**music** [mjúːzik]：音楽  **ball** [bɔ́ːl]：ボール  **box** [báks]：箱  **see** [síː]：見える
**bird** [bə́ːrd]：鳥  **picture** [píktʃər]：写真，絵  **practice** [prǽktis]：練習する

# This is ～. の文 / is, am, are のある文 / like, have などの文［一般動詞］

**1** 正しい英文になるように，（　）内から適切な語を選び，記号に○をつけなさい。

（3点×4）

1　This（ア　is　　イ　am　　ウ　are）my book.

2　I（ア　is　　イ　am　　ウ　are）your English teacher.

3　I（ア　have　　イ　am　　ウ　like）a pencil in my hand.

4　I（ア　am　　イ　do　　ウ　don't）not know your sister.

**2** 次の英文を日本文になおしなさい。　　　　　（4点×3）

1　This is not my house.  That is my house.

（　　　　　　　　　　　　　　　　　　　　　　　　　　　　）

2　I don't play the violin.  But you play the violin very well.

（　　　　　　　　　　　　　　　　　　　　　　　　　　　　）

3　Do you speak French? —— No, I don't.

（　　　　　　　　　　　　　　　　　　　　　　　　　　　　）

**3** 次の英文の下線部に適語を入れ，問答文を完成しなさい。　　　（完答4点×4）

1　＿＿＿＿＿＿＿ is this?

—— It's a guitar.

2　Is this ＿＿＿＿＿＿＿ camera or my camera?

—— It's my camera.

3　＿＿＿＿＿＿＿ is this woman?

—— She ＿＿＿＿＿＿＿ my aunt.

4　＿＿＿＿＿＿＿ ＿＿＿＿＿＿＿ you have in this box?

—— I have a ball.

---

このページの
単語・熟語

**hand** [hǽnd]ハンド：手　**violin** [vàiəlín]ヴァイオリン：バイオリン　**French** [frént∫]フレンチ：フランス語
**camera** [kǽmərə]キャメラ：カメラ　**woman** [wúmən]ウマン：女の人　**aunt** [ǽnt]アント：おば　**box** [báks]バックス：箱

**4** 次の英文を〔　〕内の指示にしたがって書きかえなさい。 　　　　　（6点×4）

1　That is a <u>cup</u>.　〔下線部の語を apple にかえて〕

_____

2　That is a fish.　〔疑問文に〕

_____

3　My sister is a nurse.　〔否定文に〕

_____

4　This is <u>a table</u>.　〔下線部をたずねる疑問文に〕

_____


**5** 次の語群を並べかえて，正しい英文にしなさい。 　　　　　（6点×2）

1　( or / that / a / a / river / lake / is / ? )

_____

2　( not / teacher / you / my / English / are / . )

_____


**6** 次の日本文を英文になおしなさい。 　　　　　（8点×3）

1　これは私の本です。あれも私の本です。

_____

2　あれは何ですか。―― オレンジです。

_____

3　彼は教師ですか，それとも医者ですか。―― 彼は医者です。

_____

---

**cup** [kʌ́p]:カップ，茶わん　**fish** [fíʃ]:魚　**nurse** [nə́ːrs]:看護師　**river** [rívər]:川
**lake** [léik]:湖　**orange** [ɔ́ːrindʒ]:オレンジ　**doctor** [dɑ́ktər]:医者

# This is 〜．の文 / is, am, are のある文 / like, have などの文［一般動詞］

**1** 正しい英文になるように，（　）内から適切な語を選び，記号に○をつけなさい。

（3点×4）

1　You（ ア is　　イ am　　ウ are ）from New York.

2　He（ ア is　　イ am　　ウ are ）my brother.

3　This is a map. That is a map,（ ア too　　イ two　　ウ either ）.

4　This（ ア isn't　　イ do　　ウ don't ）my house.

**2** 次の英文を日本文になおしなさい。　　　　　　　　　　（4点×3）

1　I'm not your English teacher.　I'm your music teacher.

（　　　　　　　　　　　　　　　　　　　　　　　　　　）

2　What book do you read every day?

（　　　　　　　　　　　　　　　　　　　　　　　　　　）

3　Do you come to this park or go to that park every day?

（　　　　　　　　　　　　　　　　　　　　　　　　　　）

**3** 次の英文の下線部に適語を入れ，問答文を完成しなさい。　　（完答4点×4）

1　Is that a dog ＿＿＿＿＿＿ a cat?

—— ＿＿＿＿＿＿ a cat.

2　＿＿＿＿＿＿ you a football player?

—— Yes, I ＿＿＿＿＿＿.

3　Is Ms. Nakamura a college student?

—— Yes, ＿＿＿＿＿＿ ＿＿＿＿＿＿.

4　＿＿＿＿＿＿ do you have in your bag?

—— I ＿＿＿＿＿＿ a book.

---

**このページの単語・熟語**

map [mǽp]：地図　house [háus]：家　music [mjú:zik]：音楽　book [búk]：本
read [rí:d]：読む　park [pá:rk]：公園　every day：毎日　football [fútbɔ̀:l]：フットボール
player [pléiər]：選手

🔊 30

**4** 次の英文を〔　〕内の指示にしたがって書きかえなさい。　　　　　　　　（6点×4）

1　That is my watch.　〔否定文に〕

_____

2　You see <u>an animal</u> in this picture.　〔下線部をたずねる疑問文に〕

_____

3　I like <u>baseball</u>.　〔下線部が答えの中心となる5語の疑問文に〕

_____

4　This student is <u>my brother</u>.　〔下線部をたずねる疑問文に〕

_____


**5** 次の語群を並べかえて，正しい英文にしなさい。　　　　　　　　　　　（6点×2）

1　( have / book / my / I / in / don't / a / hand / . )

_____

2　( use / what / you / room / in / do / that / ? )

_____


**6** 次の日本文を英文になおしなさい。　　　　　　　　　　　　　　　　　（8点×3）

1　あなたはどんな<u>食べ物</u>(food)が好きですか。── すし(sushi)が好きです。

_____

2　私はこの花が好きではありません。あの花も好きではありません。

_____

3　あなたはこの部屋で何を<u>する</u>(do)のですか。── 私は勉強します。

_____

---

**watch** [wátʃ]（ワッチ）:(腕)時計　**see** [síː]（スィー）:見える　**animal** [ǽnəməl]（アニマル）:動物　**picture** [píktʃər]（ピクチャア）:写真，絵
**use** [júːz]（ユーズ）:使う　**food** [fúːd]（フード）:食べ物　**do** [dúː]（ドゥー）:(動詞で)する　**study** [stʌ́di]（スタディ）:勉強する

# セクション 4-1 形容詞と冠詞 ①

🔊 32

チェック **13**

## 1 チェック **13** 形容詞＋名詞 / This[That]＋名詞＋is＋形容詞.

### 1 形容詞＋名詞

日本語で「新しい自動車」というときの,「新しい」は形容詞で,「自動車」は名詞である。同じように, 英語でも名詞の前に形容詞を置いて表すことができる。

**a** new(形容詞) car(名詞) （新しい自動車）

└── 「1つの」の意味を表す：これは形容詞の前に

**an** old(形容詞) car(名詞) （古い自動車）

└── 次の形容詞が母音で始まっているので an に

> 形容詞が母音で始まるときも an を使うんだね。

❀ This is a **big** apple. （これは大きなリンゴです。）

✔注 an apple → a big apple となることに注意。

❀ He is my **good** friend. （彼は私の仲のよい友だちです。）

✔注 形容詞は my, your などのあとにくることに注意。

❀ I have an **old** camera. （私は古いカメラを持っています。）

>
> a や an はあまり強く発音しないのよ。

| よく使われる形容詞 | new（新しい） old（古い, 年とった） young（若い） big（大きい） large（大きい）<br>small（小さい） long（長い） short（短い） good（よい） nice（すてきな）<br>tall（背が高い） busy（忙しい） beautiful（美しい） pretty（かわいい）<br>high（高い） interesting（おもしろい） difficult（難しい） easy（簡単な, やさしい）<br>clean（きれいな） kind（親切な） hungry（空腹の） |
| --- | --- |

### 2 This[That]＋名詞＋is＋形容詞.

形容詞は名詞の前に置いて使うほかに, 単独で使われることがある。このときには is, am, are の be 動詞のあとにきて,〈主語＋be 動詞＋形容詞.〉の形になる。

❀ *This car*(主語) **is**(be 動詞) **new**(形容詞) . （この車は新しい。）

└── be 動詞のあとに形容詞だけが続くとき, a, an はつけない

✦参考✦ 上の例文のように, 名詞の前につく this, that は「この～」,「あの～」の意味を表して, 形容詞の働きをしている。

❀ My **new** teacher is very **kind** . （私の新しい先生はとても親切です。）

└── 名詞の前についた形容詞 　　└── be 動詞のあとの形容詞：very は「とても」の意味

32

⑬ **I have an old camera.** （私は古いカメラを持っています。）

<u>　　　　　　　　　</u> an old camera. <u>　　　　　　　　　</u>

⑭ **This car is new.** （この車は新しい。）

This car is new.

<u>　　　　　　　　　</u> <u>　　　　　　　　　</u>

## ▶▶▶ポイント確認ドリル

解答は別冊 P.9・10

**┃1┃** 日本文に合うように，＿＿に適する語を右から１つずつ選んで書きなさい。

□(1) これは新しい車です。

This is a _____ car.

□(2) 彼は背の高い少年です。

He is a _____ boy.

□(3) 私の父は毎日忙しい。

My father is _____ every day.

> tall
> busy
> new

**┃2┃** 次の各文の（ ）内から適する語句を選んで，＿＿に書きなさい。

□(1) I have ( a, an ) old car. _____

□(2) This bike is ( new, a new ). _____

**┃3┃** 次の語群を日本文に合うように並べかえて，全文を書きなさい。

□(1) これは古い本です。 This ( book / old / an / is ).

<u>　　　　　　　　　　　　　　　　　　　　　　　　　　</u>

□(2) この本は古い。 This ( is / old / book ).

<u>　　　　　　　　　　　　　　　　　　　　　　　　　　</u>

---

**このページの単語・熟語**

**old** [óuld]:古い **camera** [kǽmərə]:カメラ **car** [kάːr]:車，乗用車 **new** [n(j)úː]:新しい

**tall** [tɔ́ːl]:背が高い **busy** [bízi]:忙しい **every day**:毎日 **bike** [báik]:自転車

# 形容詞と冠詞 ①
## 形容詞＋名詞 / This[That]＋名詞＋ is ＋形容詞.

月　　日

点

**1** 次の英文の下線部に適語を入れ，日本文に相当する英文を完成しなさい。 （4点×2）

(1) 私は新しい自転車を持っています。

I have ＿＿＿＿＿＿＿＿ ＿＿＿＿＿＿＿＿ bike.

(2) あの公園はとても美しい。

＿＿＿＿＿＿＿＿ park is very ＿＿＿＿＿＿＿＿.

**2** 正しい英文になるように，＿＿に適する語を右から1つずつ選んで書きなさい。 （3点×4）

(1) Mom is ＿＿＿＿＿＿＿＿ in the kitchen.

(2) This is an ＿＿＿＿＿＿＿＿ book.

(3) My brother is ＿＿＿＿＿＿＿＿ tall.

(4) That is a ＿＿＿＿＿＿＿＿ question.

| interesting |
| very |
| difficult |
| busy |

**3** ＿＿に適語を補って，ほぼ同じ内容にしなさい。（完答4点×2）

(1) ⎰ This is a long pencil.
　　⎱ This ＿＿＿＿＿＿＿＿ is ＿＿＿＿＿＿＿＿.

(2) ⎰ That flower is beautiful.
　　⎱ That ＿＿＿＿＿＿＿＿ ＿＿＿＿＿＿＿＿ beautiful flower.

**4** 次の英文を日本文になおしなさい。 （4点×2）

(1) I have a small dog, but your dog is very big.

（　　　　　　　　　　　　　　　　　　　）

(2) Our new teacher is kind. She is very popular.

（　　　　　　　　　　　　　　　　　　　）

**1**(1)「新しい」は new だが，a はこの前に入るのかうしろに入るのか。
(2)「あの」にあたる語は何か。この文は be 動詞のあとに形容詞が続く形になる。「美しい」＝ beautiful。

**2**(1)kitchen は「台所」の意味。
(3)tall は「背が高い」の意味。
(4)question は「質問」の意味。
右の囲みの busy は「忙しい」の意味である。

**3**(1)「これは長いえんぴつです」→「このえんぴつは長い」と考える。
(2)上の(1)の逆の手順を考える。

**4**(1)small は名詞の前に，big は be 動詞のあとにきていることに注意。
(2) kind, popular は形容詞である。

このページの単語・熟語

**beautiful** [bjúːtəfəl]：美しい　**mom** [mám]：お母さん　**interesting** [íntrəstiŋ]：おもしろい
**difficult** [dífikəlt]：難しい　**long** [lɔ́ːŋ]：長い　**kind** [káind]：親切な
**popular** [pápjələr]：人気のある

34

**5** 下線部はかえずに誤りを正し，全文を書きなさい。(8点×4)

(1) <u>This park is</u> a very large.

_____

(2) I have long a <u>pencil</u>.

_____

(3) <u>That is</u> new my car.

_____

(4) <u>This is</u> very a tall building.

_____

**6** (1)・(2)は並べかえ，(3)・(4)は英文になおしなさい。(8点×4)

(1) ( my / he / friend / is / new / . )

_____

(2) ( not / English / is / difficult / . )

_____

(3) この本は難しいですか。

_____

(4) 私の新しい先生はとても親切です。

_____

**5** (1) be 動詞のあとに形容詞が続いている形になっている。very は形容詞の意味を強めている副詞。
(2) long と a の語順に注目する。
(3) 〈my[your]＋形容詞＋名詞〉の語順になる。
(4) very, a, tall の語順に注目する。

**6** (1)「彼は私の新しい友だちです」の意味になる。
(2)「英語は難しくありません」の意味になる。
(3)疑問文であることに注意する。
「難しい」＝ difficult。
(4) my や new などの語順に注意する。
「親切な」＝ kind。

解答は別冊 P.10

❖ さらに一歩！❖  ●形容詞の語順をまとめてくれませんか？

○ a や an，それに very がつく場合…〈a[an]＋ very ＋形容詞＋名詞〉：a very tall boy

○所有格がつく場合…〈所有格(my, your など)＋形容詞＋名詞〉 ：my new car

○ this，that がつく場合…〈this[that]＋形容詞＋名詞〉：this old book

**park** [pάːrk]：公園  **large** [lάːrdʒ]：大きい，広い  **pencil** [pénsl]：えんぴつ
**tall** [tɔ́ːl]：(木・建物などが)高い  **building** [bíldiŋ]：建物，ビル

# 形容詞と冠詞 ②

## 1 チェック 14 a, an と the［冠詞］

a, an, the はいずれも名詞の前につけて用いられ，冠詞<sup>かんし</sup>と呼ばれる。

### 1 a, an

a, an は「1つの」の意味を表すもので，次にくる語が

母音（「ア，イ，ウ，エ，オ」に似た音）の場合に an を使う。

> **a** <u>b</u>ook → b は母音ではない

> **an** <u>a</u>pple → a は母音

❖参考❖ 母音で始まる基本的な名詞には次のようなものがある。

orange（オレンジ） album（アルバム） egg（卵） eraser（消しゴム）など。

なお，water（水）のようなもともと数えられない名詞には a, an はつかない。

名詞の前に形容詞がついて，その形容詞が母音で始まる場合も an を使う。

> **a** book → **an** <u>o</u>ld book （古い本）

> **a** story → **an** <u>i</u>nteresting story （おもしろい物語）

### 2 the

a, an は初めて出てくる名詞に使うが，すでに話題に
なったものについて**「その…」**というときには the を
使う。ただし，日本語に訳さないことも多い。

> 初めて出てきたものには a か an。
> 2回目からは the というのが
> 原則なのね。

> 🌼 I have **_a_** cat. **_The_** cat is very pretty.

> （私はネコを飼っています。そのネコはとてもかわいいです。）

the は「その」の意味のほかに，次のような場合にも使われる。

＊話している人どうしで，何を指すかわかっている場合：

> 🌼 Open _the_ door. （ドアを開けなさい。） ➡命令文は **チェック22** を参照

＊決まった言い方に：play _the_ piano〈楽器の前〉（ピアノを弾く），in _the_ morning［afternoon］
（午前［午後］に）など。

＊天体など，世界にただ1つのもの：_the_ moon（月），_the_ sun（太陽），_the_ world（世
界），_the_ sky（空），_the_ north（北）など。

⑮ **I have a cat.**　　　　　　　　　　　（私はネコを〔1匹〕飼っています。）

____a cat._____　　　　_____

⑯ **The cat is very pretty.**　　　　　　（そのネコはとてもかわいいです。）

_The cat_____　　　_____

## ▶▶▶ポイント確認ドリル

解答は別冊 P.10・11

**1** 次の各文の空所に **a** か **an** を書き入れなさい。

☐(1)　I have _____ cat.

☐(2)　I have _____ apple in my hand.

☐(3)　This is _____ old computer.

☐(4)　I want _____ new computer.

**2** 次の各文に **the** を補うとき，その位置を∧で示しなさい。

☐(1)　I play piano every day.

☐(2)　Do you play guitar every day?

☐(3)　I have a dog.　I like dog very much.

☐(4)　This is his new book.　I don't like book very much.

**3** 次の語群を日本文に合うように並べかえて，全文を書きなさい。

☐(1)　これはおもしろい本です。　This is ( interesting / book / an ).

_____

☐(2)　私は毎日バイオリンを弾きます。　( violin / I / the / play ) every day.

_____

---

このページの
単語・熟語

**pretty** [príti]プリティ：かわいらしい　**computer** [kəmpjúːtər]コンピュータァ：コンピュータ
**piano** [piǽnou]ピアノウ：ピアノ　**guitar** [gitáːr]ギター：ギター　**interesting** [íntrəstiŋ]インタレスティング：おもしろい
**violin** [vàiəlín]ヴァイオリン：バイオリン

37

月　　日

点

**1** 次の英文の下線部に **a，an，the** の中から適する語を入れなさい。ただし，不要の場合は×を書きなさい。（完答3点×6）

(1) I have ＿＿＿＿＿＿ old grandfather.

(2) Tom is ＿＿＿＿＿＿ my new friend.

(3) I don't play ＿＿＿＿＿＿ football.

(4) Do you play ＿＿＿＿＿＿ flute at school?

(5) I have ＿＿＿＿＿＿ brother and ＿＿＿＿＿＿ sister.

(6) I study ＿＿＿＿＿＿ English every day.

**2** 次の英文の下線部に適語を入れ，日本文に相当する英文を完成しなさい。（完答3点×4）

(1) 私はとてもおもしろい本を持っています。

I have ＿＿＿＿＿＿ very ＿＿＿＿＿＿ book.

(2) 私はピアノを弾きません。

I don't play ＿＿＿＿＿＿ ＿＿＿＿＿＿.

(3) 私は午前中はテレビを見ません。

I don't watch TV in ＿＿＿＿＿＿ ＿＿＿＿＿＿.

(4) 太陽は空にあります。

＿＿＿＿＿＿ sun is in ＿＿＿＿＿＿ sky.

**3** 次の英文を日本文になおしなさい。（3点×2）

(1) I know the famous singer very well.

（　　　　　　　　　　　　　　　　　）

(2) I am not busy in the evening.

（　　　　　　　　　　　　　　　　　）

**1** (1)次の old に注目。
(2)次に所有格の my があることに注目。
(3)football はスポーツの名前であることに注目。
(4)flute は楽器の名前であることに注目。
(5)意味を考えてみよう。
(6)English は教科名で，教科の前には何もつかない。

**2** (1)「おもしろい」
= interesting。
(2)「ピアノ」
= piano。
(3)「午前中に」の「に」には in を使うことも覚えておこう。

**3** (1)know ～(very) well で「～を(とても)よく知っている」の意味。
(2)evening の前の the に注目しておこう。

このページの
単語・熟語

**grandfather** [ɡrǽnfɑ̀:ðər]（グランファーザァ）:祖父　**flute** [flú:t]（フルート）:フルート　**at school**:学校で
**watch** [wάtʃ]（ワッチ）:見る　**sun** [sʌ́n]（サン）:太陽　**sky** [skái]（スカイ）:空　**famous** [féiməs]（フェイマス）:有名な
**singer** [síŋər]（スィンガァ）:歌手

**4** 〔 〕内の指示にしたがって書きかえなさい。 （8点×4）

(1) I have an yellow pencil. 〔誤りを正して〕

_____

(2) I study English in an afternoon. 〔誤りを正して〕

_____

(3) This is a camera. 〔old を適当な所に加えて〕

_____

(4) That house is new. 〔That is で始まる同じ意味の文に〕

_____

**5** (1)・(2)は並べかえ，(3)・(4)は英文になおしなさい。（8点×4）

(1) ( an / he / teacher / is / English / . )

_____

(2) ( word / English / you / the / do / know / ? )

_____

(3) あれはオレンジですか，それともリンゴですか。

_____

(4) 私は腕時計を持っています。その腕時計は新しいです。

_____

**4** (1) yellow は日本語式の発音では「イエロー」だが，発音記号では[jélou]で，[j]の発音記号は母音としないことを覚えておこう。
(2) an でよいか。
(3) old は名詞の前につくが，それだけでよいか。
(4) 書きかえた文では冠詞が必要になる。

**5** (1)「彼は英語の先生です」の意味に。
(2)「あなたはその英語の単語を知っていますか」の意味。疑問文である。
(3)「オレンジ」
＝ orange。
「リンゴ」
＝ apple。どちらも母音で始まる語である。
(4)「腕時計」
＝ watch。
2つ目の文の「その」に何を使うかに注意する。

解答は別冊 P.11

❖ さらに一歩！ ❖ ● an は次にくる語が母音のときに使えばいいのですね？

基本的にはそれでいいのですが，正確には次にくる語の発音が母音で始まっているときに使います。

子音で始まっていても発音が母音なら an を，母音で始まっていても発音が子音なら a を使います。

　　an honest（発音は[ɑ́nist]）boy（正直な少年）　　a useful（発音は[júːsfəl]）book（役に立つ本）

**yellow** [jélou]：黄色い　**study** [stʌ́di]：勉強する　**English** [íŋgliʃ]：英語（の）
**afternoon** [æ̀ftərnúːn]：午後　**house** [háus]：家　**word** [wə́ːrd]：語，単語　**watch** [wátʃ]：腕時計

# 複数の文 ①

**チェック 15**

## 1 チェック 15 複数形 / some と any / How many ～?

**1 複数形**

2つ〔2人〕以上のもの〔人〕(**複数**)を表す名詞には, 語尾に **s** か **es** をつける。単語によって語尾が一部かわるものや, 不規則に変化するものもある。

| | |
|---|---|
| ①ふつうの場合は s をつける。 | pen-pen**s**, ball-ball**s** book-book**s**, apple-apple**s** |
| ②語尾が s, x, sh, ch, o なら es をつける。 | bus-bus**es**, box-box**es** dish-dish**es**, watch-watch**es** |
| ③語尾が〈子音字＋y〉の語は, y を i にして es をつける。 | city-cit**ies**, lady-lad**ies** story-stor**ies**, lily-lil**ies** |
| ④f, fe で終わる語は, f, fe を v にかえて es をつける。 | leaf-lea**ves**, knife-kni**ves** wife-wi**ves** |

**\* -(e)s の発音**

①[s] : 語尾が [f, k, p]

book<u>s</u>, cap<u>s</u>

②[iz] : 語尾が [s, z, ʃ, tʃ, dʒ]

bus<u>es</u>, dish<u>es</u>

③[z] : 上記の①, ②以外

pen<u>s</u>, ball<u>s</u>

◆不規則に変化するもの：child(子ども)—children　man(男性)—men　woman(女性)—women　foot(足)—feet　tooth(歯)—teeth　sheep(羊)—sheep〔同じ形〕など。

**2 some と any**

some, any ともに「いくつかの」の意味で, 名詞の複数形の前に使われる。**some は肯定文**に, **any は疑問文や否定文**に使う。否定文の any は「ひとつも(～ない)」の意味を表す。

- I have **some** brothers. （私には何人か兄弟がいます。）
- Do you have **any** brothers? （あなたには〔何人か〕兄弟がいますか。）
- I don't have **any** brothers. （私には兄弟がひとりもいません。）

**3 How many ～?**

「いくつ～?」とか「何人～?」と数をたずねるときは, 〈**How many＋名詞の複数形**〉を文頭にもってきて, このあとに疑問文の語順を続ける。答えには, Yes, No は使わずに, 質問に応じた形で数を答えるようにする。

- **How many** *pencils* do you have?

  （あなたは何本のえんぴつを持っていますか。）

  —— I have four (pencils). （4本持っています。）

> How many ～? の疑問文は, ふつう下げ調子ですよ。

⑰ **I have some brothers.** （私には何人か兄弟がいます。）

_____ some brothers. _____

⑱ **How many pencils do you have?** （あなたは何本のえんぴつを持っていますか。）

How many pencils ? _____

## ▶▶▶ポイント確認ドリル

解答は別冊 P.11・12

**1** 次の各文の( )内から適する語句を選んで，___に書きなさい。

□(1) I have a ( book, books ) in my hand. _____

□(2) I have ( an, two ) interesting books. _____

□(3) I have three big ( an apple, apples ) in my hands. _____

□(4) I want five new ( a ball, balls ). _____

**2** 次の各語の複数形を書きなさい。

□(1) pen _____  □(2) box _____

□(3) apple _____  □(4) dish _____

□(5) city _____  □(6) man _____

□(7) bus _____  □(8) dictionary _____

**3** 次の語群を日本文に合うように並べかえて，全文を書きなさい。

□(1) 私には兄弟が２人います。 I ( two / have / brothers ).

_____

□(2) 私には兄弟がひとりもいません。 I don't ( brothers / any / have ).

_____

---

このページの
単語・熟語

**big** [bíg]：大きい  **want** [wánt]：ほしい  **box** [báks]：箱  **dish** [díʃ]：皿  **city** [síti]：都市，市  **man** [mǽn]：男，男性  **bus** [bʌ́s]：バス  **dictionary** [díkʃənèri]：辞書

41

# 複数の文 ①
## 複数形 / some と any / How many ～?

月　日　　点

**1** 下線部の誤りを正して，___に書きなさい。 （3点×4）

(1) I usually use two <u>computer</u>.　_____

(2) I see many <u>childs</u> over there.　_____

(3) I don't have <u>some</u> brothers.　_____

(4) How many <u>book</u> do you have?　_____

**1**(1)直前の two は複数を表す語。
(2)many は「たくさんの」の意味で複数を表す語。child の複数形は正しいか。
(3)否定文である。
(4)How many のあとは単数形でよいか。

**2** 各組の語の下線部の発音が同じなら○，異なれば×を書きなさい。 （3点×4）

(1) 〔　　〕 { map<u>s</u> / pen<u>s</u> }　　(2) 〔　　〕 { dog<u>s</u> / boy<u>s</u> }

(3) 〔　　〕 { lake<u>s</u> / desk<u>s</u> }　　(4) 〔　　〕 { bench<u>es</u> / bus<u>es</u> }

**2** [s] [z] [iz]のいずれかに分類して考える。[s]になるのは語尾が[f, k, p]の音になっている。

**3** ___に適語を入れて，問答文を完成しなさい。 （完答3点×2）

(1) Do you have _____ pets?

—— No, I don't.  I don't have _____ pets.

(2) How _____ computers do you have?

—— I _____ one computer.

**3**(1)第1文は疑問文で，答えの第2文は否定文。
(2)数をたずねる疑問文になっている。答えの文の動詞には，質問の文と同じものを使う。

**4** 次の英文を日本文になおしなさい。 （2点×3）

(1) You have two brothers, but I don't have any brothers.

（　　　　　　　　　　　　　　　　　　　　　　　　　　）

(2) I have a lot of friends in America.

（　　　　　　　　　　　　　　　　　　　　　　　　　　）

(3) How many students do you teach at school?

（　　　　　　　　　　　　　　　　　　　　　　　　　　）

**4**(1)前半が肯定文で，後半が否定文になっている。
(2)a lot of ～の意味に注意。
(3)数をたずねる疑問文。teach は「教える」の意味。

**このページの単語・熟語**
**child** [tʃáild]:子ども　**over there**:向こうに　**map** [mǽp]:地図　**lake** [léik]:湖
**desk** [désk]:机　**bench** [béntʃ]:ベンチ　**pet** [pét]:ペット
**a lot of ～**:たくさんの～　**at school**:学校で

**5** 〔　〕内の指示にしたがって書きかえなさい。　　（8点×4）

(1) I see a leaf on the table. 〔下線部を three にかえて〕

_____

(2) I know some interesting stories. 〔否定文に〕

_____

(3) You know some Japanese words. 〔疑問文に〕

_____

(4) You use four rackets. 〔下線部をたずねる疑問文に〕

_____

_____

**6** (1)・(2)は並べかえ，(3)・(4)は英文になおしなさい。（8点×4）

(1) ( some / I / books / new / have / . )

_____

(2) ( any / I / have / sisters / don't / . )

_____

(3) あなたはネコが好きですか。── はい，好きです。

_____

(4) あなたは何枚の切手を持っていますか。── 80枚です。

_____

**5** (1) three のあとの名詞を複数形にする。
(2)否定文にしたら some もかえる。
(3)疑問文でも，ふつうは some を他の語にかえる。
(4)下線部は数を表しているから，「いくつ」と数をたずねる疑問文にする。

**6** (1)「私は何冊かの新しい本を持っています」の意味。
(2)「私にはひとりも姉妹がいません」の意味。
(3)特に対象を特定せずに，一般的に「～が好き」というとき，～にくる語はふつう複数形にする。
(4)「何枚」の「枚」にとらわれる必要はない。「数」をたずねる疑問文である。

解答は別冊 P.12

| ❖ さらに一歩！❖ | ●複数形の作り方は難しそうですね？ |

本書 40 ページの表にしたがえばよいのですが，次の語には注意しておいたほうがいいでしょう。

○〈母音字＋y〉は s をつける：boy(少年) → boys　　day(日) → days

○o で終わる語でも次は s だけをつける：piano(ピアノ) → pianos　　radio(ラジオ) → radios

**leaf** [líːf]：葉　**table** [téibl]：テーブル　**story** [stɔ́ːri]：物語　**word** [wɔ́ːrd]：語，単語
**racket** [rǽkit]：ラケット　**stamp** [stǽmp]：切手

## セクション 5-2 複数の文 ②

🔊 44

チェック **16**

# 1 チェック 16 主語が複数の文 / 主語が複数の文の否定文・疑問文

## 1 主語が複数の文

主語になる代名詞( I, you, he など)の複数形は次のようになる。

| 単数 | I | you | he, she, it | this | that |
|------|---|-----|-------------|------|------|
| 複数 | we<br>(私たちは) | you<br>(あなたたちは) | they<br>(彼ら〔彼女たち〕は,<br>それらは) | these<br>(これらは) | those<br>(あれらは) |

これらが主語の場合の be 動詞はいずれも **are** であり，あとに名詞が続くときは**複数形**になる。ただし，形容詞はそのままの形でよい。また，**these〔those〕**は名詞の前につくと「これらの〔あれらの〕」の意味になり，名詞も複数形になる。

> 主語が複数の文では be 動詞はみな are でいいんだね。

🍀 **We** **are** college students<u>.</u> （私たちは大学生です。）
  └─ *I am a college student.* と比べてみよう

🍀 **They** **are** my good friends<u>.</u> （彼〔女〕らは私の親友です。）
  └─ *He〔She〕 is my good friend.* と比べてみよう

🍀 **These** **are** my books<u>.</u> （これらは私の本です。）
  └─ *This is my book.* と比べてみよう

> 47ページの「さらに一歩！」も見てね。

🍀 **Those** pictures<u>_</u> **are** beautiful. （あれらの絵は美しい。）
  └─ *That picture is* beautiful. と比べてみよう

🌸参考🌸 主語が～ and ...（～と…）になるときも複数なので，be 動詞は are を使う。

## 2 主語が複数の文の否定文・疑問文

これまでの be 動詞のある文と同じように，否定文は be 動詞のあとに not を入れ，疑問文は be 動詞を主語の前に出せばよい。

🍀 We ***are*** **not** from America. （私たちはアメリカの出身ではありません。）

🍀 These pictures ***are*** **not** beautiful. （これらの絵は美しくありません。）

🍀 **Are** **these** your pens<u>?</u> （これらはあなたのペンですか。）
  { Yes, **they** **are**. （はい，そうです。）
  { No, **they** **are not〔aren't〕**. （いいえ，ちがいます。）

44

⑲ **We are college students.** （私たちは大学生です。）

We are ＿＿＿＿＿＿＿＿＿＿＿＿ ＿＿＿＿＿＿＿＿＿＿＿＿＿＿

⑳ **They are my friends.** （彼〔女〕らは私の友人です。）

They are ＿＿＿＿＿＿＿＿＿＿ ＿＿＿＿＿＿＿＿＿＿＿＿＿＿

## ▶▶▶ポイント確認ドリル

解答は別冊 P.12・13

**1** 次の各文の（ ）内から適する語を選んで，＿＿＿に書きなさい。

☐(1) I ( is, am ) a student. ＿＿＿＿＿＿＿＿＿

☐(2) He ( is, are ) a school teacher. ＿＿＿＿＿＿＿＿＿

☐(3) We ( am, are ) high school students. ＿＿＿＿＿＿＿＿＿

☐(4) They ( is, are ) my old friends. ＿＿＿＿＿＿＿＿＿

☐(5) Ken and Bob ( is, are ) from America. ＿＿＿＿＿＿＿＿＿

☐(6) You and I ( am, are ) good friends. ＿＿＿＿＿＿＿＿＿

**2** ＿＿＿に適切な語を入れて，問答文を完成しなさい。

☐(1) Are these your pencils? —— Yes, ＿＿＿＿＿＿＿ are.

☐(2) Are you English teachers? —— Yes, ＿＿＿＿＿＿＿ are.

**3** 次の語群を日本文に合うように並べかえて，全文を書きなさい。

☐(1) あれらは私の犬です。 Those ( my / dogs / are ).

＿＿＿＿＿＿＿＿＿＿＿＿＿＿＿＿＿＿＿＿＿＿＿＿＿＿＿＿＿

☐(2) 彼らは私の友人ではありません。 They ( not / my / are ) friends.

＿＿＿＿＿＿＿＿＿＿＿＿＿＿＿＿＿＿＿＿＿＿＿＿＿＿＿＿＿

---

**このページの単語・熟語**
**college student**：大学生 **student** [st(j)úːdənt]：学生，生徒 **high school student**：高校生 **old** [óuld]：古くからの，昔からの **pencil** [pénsl]：えんぴつ

# 複数の文 ②
## 主語が複数の文 / 主語が複数の文の否定文・疑問文

月　　日

点

**1** 次の英文の下線部に適語を入れ，日本文に相当する英文を完成しなさい。 (完答4点×2)

(1) 由美と彩は同級生です。

Yumi ＿＿＿＿＿＿ Aya are classmates.

(2) これらの本はとてもおもしろい。

＿＿＿＿＿＿ ＿＿＿＿＿＿ are very interesting.

**2** 正しい英文になるように，＿＿に適する語を右から1つずつ選んで書きなさい。 (3点×4)

(1) Those boys ＿＿＿＿＿＿ my new friends.

(2) ＿＿＿＿＿＿ are English teachers.

(3) ＿＿＿＿＿＿ you teach English?

(4) They are ＿＿＿＿＿＿ his students.

| do |
| not |
| are |
| we |

**3** ＿＿に適語を補って，ほぼ同じ内容にしなさい。 (完答4点×2)

(1) { These are beautiful pictures
＿＿＿＿＿＿ ＿＿＿＿＿＿ are beautiful.

(2) { Those books are very old.
＿＿＿＿＿＿ are very old ＿＿＿＿＿＿.

**4** 次の英文を日本文になおしなさい。 (4点×2)

(1) You aren't music teachers.  You are science teachers.

(　　　　　　　　　　　　　　　　　　　)

(2) Those two buildings are a bank and a post office.

(　　　　　　　　　　　　　　　　　　　)

**1** (1)「～と…」のように語と語を結ぶ語は何か。
(2)主語は複数になることに注意。

**2** それぞれ次の意味の文にする。
(1)「あの少年たちは私の新しい友だちです」
(2)「私たちは英語の教師です」
(3)「あなたは英語を教えていますか」
(4)「彼らは彼の生徒ではありません」

**3** (1)「これらは美しい絵です」→「これらの絵は美しい」
(2)上の(1)と逆の手順を考える。

**4** (1)この文の You はどちらも複数を表していることに注意。
(2)主語は Those two buildings になる。

このページの
単語・熟語

**classmate** [klǽsmèit]：同級生　**beautiful** [bjúːtəfəl]：美しい　**picture** [píktʃər]：絵，写真
**science** [sáiəns]：理科，科学　**building** [bíldiŋ]：建物　**bank** [bǽŋk]：銀行
**post office**：郵便局

46

**5** 〔 〕内の指示にしたがって書きかえなさい。 （8点×4）

(1) This is an interesting <u>story</u>. 〔下線部を複数形にして〕

_____

(2) <u>I</u> am a college student. 〔下線部を We にして〕

_____

(3) Those boys are <u>Tom and Bob</u>.〔下線部をたずねる疑問文に〕

_____

(4) These are <u>chairs</u>. 〔下線部をたずねる疑問文に〕

_____

**6** (1)・(2)は並べかえ，(3)・(4)は英文になおしなさい。（8点×4）

(1) ( very / flowers / are / these / pretty / . )

＊正解は2つあります。

_____

(2) ( friends / not / they / my / are / . )

_____

(3) 私たちは今忙しくありません。

_____

(4) あの少女たちはだれですか。── 彼女たちは私の妹です。

_____

**5**(1) story の複数形は s をつけるだけではない。
(2) am を are にするだけではない。
(3)「あれらの少年はだれですか」という文を作る。
(4)「これらは何ですか」という文を作る。

**6**(1) these をそのまま主語に使う場合と，these のあとに名詞が続く場合とを考えてみよう。
(2) まず主語になることができるものを探してみよう。
(3)「忙しい」= busy。否定文である。be 動詞のある文の否定文の作り方を思い出そう。
(4)「少女」= girl。

解答は別冊 P.13

| ❖ さらに一歩！❖ | ●主語が複数のときの短縮形をまとめてくれませんか？ |
|---|---|

these[those] are には短縮形はありません。are not に短縮形を使うことになります。

these[those] are not → these[those] aren't 　　 we are → we're 　　 they are → they're

we are not → we aren't / we're not 　　 they are not → they aren't / they're not

**interesting** [íntrəstiŋ]インタレスティング：おもしろい **story** [stɔ́ːri]ストーリィ：物語 **chair** [tʃéər]チェア：いす
**pretty** [príti]プリティ：かわいらしい **busy** [bízi]ビズィ：忙しい **girl** [gə́ːrl]ガール：女の子，少女

# セクション 6-1　likes, has などの文 ①

🔊 48

チェック **17**

## 1　チェック 17　3人称・単数・現在形

### 1　3人称・単数

英語の文の主語は，1人称，2人称，3人称のいずれかに分類でき，それぞれ単数と複数がある。なお，動詞の形で過去形というのもあるが，これはまだ習っていないので，**3人称・単数**はここではすべて現在形のことである。

| | 単　数 | 複　数 |
|---|---|---|
| 1人称 | I | we |
| 2人称 | you | you |
| 3人称 | he, she, it,<br>Tom, Helen,<br>the boy など | they<br>my friends,<br>the boys など |

左の表で，3人称・単数の語(句)が主語のときに，一般動詞に s か es がつくのである。

✅**注**　s, es のつけ方，発音は複数形と同じ。
**チェック 15** を参照

3人称・単数・現在形を略して3単現と言うのね。
ところで，3人称・単数って何のこと？

1人称・単数　━ 動詞はもとの形のまま
✿ **I**　**like** English.　（私は英語が好きです。）

3人称・単数
✿ **He**　**likes** English.　（彼は英語が好きです。）
　　　　　━ 動詞に s をつける

✿ My brother **watches** TV every day.
　　　　　　　━ watch には es をつける

（私の兄〔弟〕は毎日テレビを見ます。）

✿ Tom **studies** Japanese very hard.
　　　　　━ study は y を i にかえて es

（トムはとても熱心に日本語を勉強します。）

「あなた」と「私」が「別の人」のことを話すから全部で3人。
だから「3人称」と言うのさ。そして…

「別の人」が he や she で単数だから，3人称・単数ってわけさ。
由来がわかれば覚えやすいね。

### 2　has

「持っている」などの意味の have は，主語が3人称・単数のとき **has** という特別な形になるので注意する。

✿ *He* **has** a nice bike.　（彼はすてきな自転車を持っています。）

48

●最重要文の練習● 次の英文を_____に書きましょう。

㉑ **He likes English.** （彼は英語が好きです。）

He likes _____ _____

㉒ **Tom studies Japanese.** （トムは日本語を勉強します。）

Tom studies _____ _____

## ▶▶▶ポイント確認ドリル

解答は別冊 P.13・14

**1** 次の各文の（ ）内から適する語を選んで，____に書きなさい。

☐(1) ( We, Ken ) go to school every day. _____

☐(2) ( They, He ) likes Japanese food. _____

☐(3) ( Tom, You ) plays tennis well. _____

☐(4) My ( father, brothers ) use a computer well. _____

**2** （ ）内の語を適切な形にかえて，____に書きなさい。

☐(1) Ken (play) baseball every day. _____

☐(2) My mother (cook) very well. _____

☐(3) My sister (watch) TV every day. _____

☐(4) Yumi (study) math hard. _____

**3** 次の語群を日本文に合うように並べかえて，全文を書きなさい。

☐(1) 原さんは英語が大好きです。 Ms. Hara ( English / likes / much / very ).

_____

☐(2) トムは大きな犬を飼っています。 Tom ( a / dog / has / big ).

_____

このページの
単語・熟語
**study** [stʌ́di]:勉強する　**Japanese** [dʒæpəníːz]:日本語，日本の　**food** [fúːd]:食べ物
**cook** [kúk]:料理する　**watch** [wɑ́tʃ]:見る　**TV** [tìːvíː]:テレビ　**math** [mǽθ]:数学

# likes, has などの文 ①
## 3人称・単数・現在形

月　　日

点

**1** 下線部の誤りを正して，＿＿に書きなさい。　（3点×4）

(1) Tom and Bob likes apples.　＿＿＿＿＿

(2) Mr. Yamamoto live in Sapporo.　＿＿＿＿＿

(3) Mayumi walk to school every day.　＿＿＿＿＿

(4) Ken watchs baseball games.　＿＿＿＿＿

**2** 各組の語の下線部の発音が同じなら○，異なれば×を書きなさい。　（2点×4）

(1) 〔　　〕 { likes / helps }　　(2) 〔　　〕 { plays / knows }

(3) 〔　　〕 { washes / watches }　　(4) 〔　　〕 { works / opens }

**3** （　）内の語を適切な形にかえて，＿＿に書きなさい。（2点×5）

(1) Tom (have) a big apple.　＿＿＿＿＿

(2) She (study) English every day.　＿＿＿＿＿

(3) My brother (go) to high school.　＿＿＿＿＿

(4) Mr. Yamada (teach) English.　＿＿＿＿＿

(5) My mother (have) many English books.　＿＿＿＿＿

**4** 次の英文を日本文になおしなさい。　（3点×2）

(1) I don't know the man, but he knows about my teacher.

（　　　　　　　　　　　　　　　　　）

(2) Mr. Hayashi speaks three or four languages.

（　　　　　　　　　　　　　　　　　）

**1** すべて現在形で考えること。
(1)主語は複数。
(2)主語は He に置きかえることができる。
(3)主語は She に置きかえることができる。
(4)watch には s だけをつけるのではない。

**2** 次の3つに分類できる。
[s]：語尾が [f, k, p]の音。
[iz]：語尾が [s, z, ʃ, tʃ, dʒ]の音。
[z]：上記以外。

**3** すべて現在形で考えること。
(1)・(5)have は特別な形になる。
(2)〈子音字＋y〉で終わっている。
(3)語尾が o である。
(4)語尾がch である。

**4** (1)前半は主語がI の否定文。about は「～について」の意味。
(2)language は「言語」の意味。

このページの単語・熟語
**live** [lív]：住んでいる　**walk to ～**：～へ歩いて行く　**game** [géim]：試合
**help** [hélp]：手伝う　**work** [wə́ːrk]：働く　**open** [óupən]：開ける
**about** [əbáut]：～について　**language** [lǽŋgwidʒ]：言語

**5** 下線部を（　）の語句にかえ，全文を書きかえなさい。(8点×4)

(1) <u>I</u> use this desk. （ My sister ）

_____

(2) <u>They</u> help the old man. （ The girl ）

_____

(3) <u>We</u> need a big dictionary. （ He ）

_____

(4) <u>Kim and Yang</u> speak English at school. （ Kim ）

_____

**6** (1)・(2)は並べかえ，(3)・(4)は英文になおしなさい。(8点×4)

(1) ( Nancy / day / piano / the / every / plays / . )

_____

(2) ( a / of / Tom / friends / has / lot / . )

_____

(3) 私の母は英語を上手に話します。

_____

(4) 彼には3人の子どもがいます。

_____

**5** (1)My sister は She に置きかえられるので3人称・単数。
(2)The girl も3人称・単数。
(3)needs の ds の発音は[dz]となる。
(4)Kim and Yang は複数だが，Kim は単数。

**6** まず主語と動詞を探してみよう。
(1)「ナンシーは毎日ピアノを弾きます」の意味に。
※　**重　要**　※
(2)**a lot of ～**は「たくさんの～」の意味で，～の部分には名詞がくる。よく使われる表現である。
(3)「上手に」＝ well。
(4)child の複数形に注意する。

解答は別冊 P.14・15

---

✦ **さらに一歩！** ✦　● have → has のような大きな変化をする動詞はほかにありますか？

have だけだと考えてかまいません。次のような，es, ies になるものをまとめて覚えておきましょう。

○ **es をつける**：teach**es**(教える)　wash**es**(洗う)　go**es**(行く)　watch**es**(見る)

○ **y を i にかえて es**：stud**ies**(← study)　tr**ies**(← try)　cr**ies**(← cry)　fl**ies**(← fly)

---

**use** [júːz]：使う　**desk** [désk]：机　**old** [óuld]：年老いた　**man** [mǽn]：男の人　**need** [níːd]：必要とする
**dictionary** [díkʃənèri]：辞書　**at school**：学校で　**children** [tʃíldrən]：child(子ども)の複数形

# likes, has などの文 ②

チェック **18・19**

## 1 チェック 18 3人称・単数・現在形の否定文

主語が3人称・単数のときに, 一般動詞の文を否定文にするには, 動詞の前に does not か, その短縮形の doesn't を使って, 〈**does not[doesn't]＋動詞の原形**〉にする。

必ず原形に：原形とは動詞のもとの形のこと

❀ He **does not[doesn't]** **like** baseball. (彼は野球が好きではありません。)

❀ He has some brothers, but he **doesn't have** any sisters.

〈doesn't＋動詞の原形〉：否定文なので any にも注意

(彼には兄弟が何人かいますが, 姉妹はひとりもいません。)

## 2 チェック 19 3人称・単数・現在形の疑問文 / What does ～? など

### 1 3人称・単数・現在形の疑問文

疑問文は〈**Does＋主語＋動詞の原形 ～?**〉の形にする。答えにも does を使って答える。

3人称・単数 ──　　　　　　　必ず原形に

❀ **Does** _he_ **like** baseball?　(彼は野球が好きですか。)

── Yes, **he** **does** . / No, **he** **does not[doesn't]** .

(はい, 好きです。/ いいえ, 好きではありません。)

疑問文は上げ調子で読むんだったね。

### 2 What does ～? など

what, who, how など(→疑問詞という)で始まる疑問文でも, 主語が3人称・単数の場合は, 疑問詞のあとは does の疑問文の形が続く。ただし, who の場合はそのまま主語として使われ, すぐあとに動詞の -s, -es 形が続く。答えは, 〈～ do[does].〉の形で主語を答える。

❀ **What** does he have in his hand?　　(彼は手に何を持っていますか。)

　　── He **has** a dictionary.　　　　　(辞書を持っています。)

❀ **Who speaks** English well?　　　　(だれが上手に英語を話しますか。)

　　── Hiroshi **does**.　　　　　　　(博です。)

❀ **How many** books **does** he **have**?　(彼は本を何冊持っていますか。)

　　── He **has** one hundred (books).　(100冊持っています。)

㉓ **He doesn't like baseball.**　　　　　（彼は野球が好きではありません。）

He doesn't like
_____　　　　_____

㉔ **Does he like baseball?**　　　　　　（彼は野球が好きですか。）

Does he like　　　　　?
_____　　　　_____

## ▶▶▶ポイント確認ドリル

解答は別冊 P.15

**1** 各文を(1)・(2)は否定文に，(3)・(4)は疑問文に書きかえるとき，____に適する語を書きなさい。

☐(1)　I like tennis.　　　　　　　　I _____ not like tennis.

☐(2)　He likes tennis.　　　　　　　He _____ not like tennis.

☐(3)　You play baseball.　　　　　_____ you play baseball?

☐(4)　He plays baseball.　　　　　_____ he play baseball?

**2** ____に **Yes** か **No** を入れて，問答文を完成しなさい。

☐(1)　Does he use a computer? —— _____, he does.

☐(2)　Does she go to school? —— _____, she does.

☐(3)　Does Ken like apples? —— _____, he does not.

**3** 次の語群を日本文に合うように並べかえて，全文を書きなさい。

☐(1)　彼は私の犬が好きではありません。　He ( like / not / does ) my dog.

_____

☐(2)　彼は上手に英語を話しますか。　（ he / speak / does ) English well?

_____

---

このページの
単語・熟語

**like** [láik]：好きである　**baseball** [béisbɔ̀:l]：野球　**tennis** [ténis]：テニス
**computer** [kəmpjú:tər]：コンピュータ　**go to ～**：～へ行く　**school** [skú:l]：学校
**apple** [ǽpl]：リンゴ

**1** （　）内から適切な語を選びなさい。　　(完答3点×4)

(1) He ( is, do, does ) not know my father.

(2) Ms. Yamada ( is, do, does ) not have a car.

(3) Ken and Bob ( are, do, does ) not walk to school.

(4) My sister ( is, do, does ) not ( study, studys, studies )
English hard.

**2** ＿＿に適語を入れて，問答文を完成しなさい。　(完答3点×4)

(1) ＿＿＿＿＿＿ he have any brothers?

—— ＿＿＿＿＿＿, he does.　He has two.

(2) ＿＿＿＿＿＿ your sister study every day?

—— Yes, ＿＿＿＿＿＿ ＿＿＿＿＿＿.

(3) ＿＿＿＿＿＿ Ms. Kaneko like cats and dogs?

—— No, she ＿＿＿＿＿＿.

(4) How ＿＿＿＿＿＿ books does your father have?

—— He ＿＿＿＿＿＿ about three hundred books.

**3** それぞれの問いに対する答えの文を下から1つずつ選び，記号で答えなさい。　　　　　　(3点×4)

(1) Who plays soccer every day?　　　　　　　　〔　　〕

(2) Does your brother play soccer every day?　　〔　　〕

(3) What does your brother play every day?　　〔　　〕

(4) Do you sometimes play soccer?　　　　　　　〔　　〕

　　ア　He plays soccer.　　イ　My brother does.

　　ウ　Yes, I do.　　　　　エ　Yes, he does.

**1** いずれも一般動詞の否定文になる。
(1)「彼は私の父を知りません」
(2)「山田さんは車を持っていません」
(3)「健とボブは歩いて学校に行きません」　主語は単数かどうか？
(4)「私の姉〔妹〕は英語を熱心に勉強しません」

**2** (1)主語が he で，一般動詞の疑問文。
(2) your sister は she に置きかえられる。
(3) Ms. Kaneko は she に置きかえられる。
(4)数をたずねる疑問文になる。

**3** (1) who は3人称・単数扱いにするので，動詞にsやesがつく。
(2) Yes, No で答える疑問文。
(3)「何を」にあたる語をたずねる疑問文。
(4)主語のyouは答えの文ではどうなるか。

このページの
単語・熟語

know [nóu] ノウ：知っている　car [káːr] カー：車，乗用車　hard [háːrd] ハード：一生けんめいに，熱心に
about [əbáut] アバウト：約〜，およそ〜　hundred [hʌ́ndrəd] ハンドゥレッド：100(の)
sometimes [sʌ́mtàimz] サムタイムズ：ときどき

**4** 〔　〕内の指示にしたがって書きかえなさい。　　（8点×6）

(1) Tom has a Japanese car.　〔否定文に〕

_____

(2) Mr. Saito teaches English.　〔否定文に〕

_____

(3) Your brother wants a new bike.　〔疑問文に〕

_____

(4) He reads <u>ten</u> books every month.〔下線部をたずねる疑問文に〕

_____

(5) She plays <u>the piano</u> every day.〔下線部をたずねる疑問文に〕

_____

(6) <u>My father</u> teaches English.　〔下線部をたずねる疑問文に〕

_____

**5** 次の日本文を英文になおしなさい。　　（8点×2）

(1) 正には兄弟はひとりもいません。

_____

(2) あなたのお父さんは英語を話しますか。── はい, 話します。

_____

**4**(1) has を原形にもどすのを忘れないように。
(2) teaches の原形は teach。
(3) 疑問文でも動詞は原形にする。wants の原形は want。
(4) ten は数を表しているので，数をたずねる言い方にする。
☞チェック**15**
(5) 目的語（the piano）を疑問詞にして，文頭に置く形にする。
(6) この文も疑問詞で始まる形になるが，この疑問詞は主語になることに注意。

**5**(1) 「ひとりも～ない」はどう表すかを思い出そう。
☞チェック**15**
(2) 主語は your father で3人称・単数。

解答は別冊 P.15・16

❖ さらに一歩！❖　●疑問詞が主語になるのは who だけですか？

そうとはかぎりません。次の例文を見て，何をたずねているか考えてみましょう。

　**How many _students_** walk to school?　（何人の生徒が徒歩通学していますか。）

　**What _month_** has only 28 or 29 days?　（28日か29日しかないのは何月ですか。）

**Japanese** [dʒæpəníːz]：日本の　**teach** [tíːtʃ]：教える　**want** [wɑ́nt]：ほしい　**read** [ríːd]：読む
**every month**：毎月　**piano** [piǽnou]：ピアノ　**speak** [spíːk]：話す

🔊 **55**

# セクション 7 代名詞と Whose ～?

チェック **20・21**

## 1 チェック 20 **I, my, me, mine など**

**1** 主格…「～は」の意味で主語になる形。

❀ **I** am an English teacher. （私は英語の先生です。）

**2** 所有格…「～の」の意味で，所有を表し名詞の前につく形。

❀ Do you like **my** dog? （あなたは私の犬が好きですか。）

名詞の所有格は，名詞のあとに〈**'s**〉（アポストロフィ・エス）をつけて表す。

❀ That is **Tom's** bike. （あれはトムの自転車です。）

**3** 目的格…動詞の目的語の位置にくる形で「～を，～に」の意味。

❀ He knows **me**. （彼は私を知っています。）

**4** 所有代名詞…「～のもの」の意味を表す語で，あとに名詞は続かない。

❀ This book is **mine**. （この本は私のものです。）

**5** 代名詞 one…前に出てきた名詞の代わりに one を使うことがある。

❀ That **one** is mine, too. （あの本も私のものです。）〈上の例文の続き one＝book〉

| | | 主格 | 所有格 | 目的格 | 所有代名詞 | | 主格 | 所有格 | 目的格 | 所有代名詞 |
|---|---|---|---|---|---|---|---|---|---|---|
| 1人称 | 単数 | I | my | me | mine | 複数 | we | our | us | ours |
| 2人称 | | you | your | you | yours | | you | your | you | yours |
| 3人称 | | he<br>she<br>it | his<br>her<br>its | him<br>her<br>it | his<br>hers<br>— | | they | their | them | theirs |

## 2 チェック 21 **Whose ～? の疑問文と答え方**

whose は「**だれの～**」の意味で，あとに名詞が続く。疑問文なので〈Whose＋名詞〉のあとは疑問文の語順になる。〈所有格＋名詞〉や〈～のもの〉の所有代名詞で答える。

❀ **Whose** *camera* is this? （これはだれのカメラですか。）

── { It's *my* camera. （私のカメラです。）
{ It's *mine*. （私のものです。） my や mine は強く読む

☑注 whose には Whose is this camera? のように「だれのもの」の意味もある。

㉕ **This book is mine.** （この本は私のものです。）

_____ mine. _____

㉖ **Whose camera is this?** （これはだれのカメラですか。）

Whose camera _____ ? _____

## ▶▶▶ポイント確認ドリル

解答は別冊 P.16

**1** 次の各文の( )内から適する語を選んで，___に書きなさい。

☐(1) I like ( he, him ) very much. _____

☐(2) ( Our, Us ) teacher is very kind. _____

☐(3) This is my ( mother, mother's ) bag. _____

☐(4) That big apple is ( my, mine ). _____

**2** ( )内の語を適切な形にかえて，___に書きなさい。

☐(1) Do you know ( she )? _____

☐(2) Is this umbrella ( you )? _____

☐(3) I have a dog. ( It ) nose is very big. _____

☐(4) I like ( they ) very much. _____

**3** 次の語群を日本文に合うように並べかえて，全文を書きなさい。

☐(1) これはだれの本ですか。 Whose ( is / book ) this?

_____

☐(2) この本はだれのものですか。 Whose ( this / is ) book?

_____

このページの
単語・熟語

**book** [búk]:本 **camera** [kǽmərə]:カメラ **kind** [káind]:親切な **bag** [bǽg]:バッグ，
かばん **big** [bíg]:大きい **umbrella** [ʌmbrélə]:かさ **nose** [nóuz]:鼻

## 代名詞と Whose ～?

**I, my, me, mine など // Whose ～? の疑問文と答え方**

月　　日

点

---

**1** ＿＿に適語を入れて，問答文を完成しなさい。　（3点×4）

(1) Is this your bike? —— Yes.  It's ＿＿＿＿＿＿.

(2) Is this notebook his or hers?

　　—— It's not his.  It's ＿＿＿＿＿ notebook.

(3) ＿＿＿＿＿ bike is that? —— It's my sister's.

(4) Whose dictionary is this? —— ＿＿＿＿＿ yours.

**2** ＿＿に適語を補って，ほぼ同じ内容にしなさい。　（3点×4）

(1) { That is our house.
　　 That house is ＿＿＿＿＿.

(2) { This piano is theirs.
　　 This is ＿＿＿＿＿ piano.

(3) { These are his dictionaries.
　　 These dictionaries are ＿＿＿＿＿.

(4) { This is my pencil.
　　 This pencil is ＿＿＿＿＿.

**3** それぞれの問いに対する答えの文を下から1つずつ選び，記号で答えなさい。　（3点×4）

(1) Whose desk is this?　　　　　　　　　　〔　　〕

(2) Whose pencils are those?　　　　　　　　〔　　〕

(3) Whose camera do you use?　　　　　　　〔　　〕

(4) Whose pictures do you like?　　　　　　　〔　　〕

　　ア　They are mine.　　　イ　I like Tom's pictures.

　　ウ　It's hers.　　　　　　エ　I use Ken's camera.

---

**1** (1)「あなたの自転車ですか?」と聞かれていることに注意。
(2) It's not his. があることに注意。
(3)所有者をたずねる疑問文。
(4)質問の文の this は答えの文では何になるのか。

**2** (1)「あれは私たちの家です」→「あの家は私たちのものです」
(2)「このピアノは彼らのものです」→「これは彼らのピアノです」
(3)「これらは彼の辞書です」→「これらの辞書は彼のものです」
(4)「これは私のえんぴつです」→「このえんぴつは私のものです」

**3** (1)・(2)単数・複数に注意。

※ **重　要** ※
(3)・(4)〈Whose＋名詞〉はあとに be 動詞が続く疑問文だけでなく，一般動詞の疑問文の目的語としても使われることに注意。

---

✏️ **このページの単語・熟語**

**bike** [báik]：自転車　**notebook** [nóutbùk]：ノート　**dictionary** [díkʃənèri]：辞書
**house** [háus]：家　**desk** [désk]：机　**use** [júːz]：使う　**picture** [píktʃər]：絵，写真

🔊 58

58

**4** 〔　〕内の指示にしたがって書きかえなさい。　　（8点×4）

(1) Tom and Ben like <u>you and Mami</u>.　〔下線部を代名詞で〕

_____

(2) This is <u>his</u> guitar.　〔下線部をたずねる疑問文に〕

_____

(3) He uses <u>my</u> racket.　〔下線部をたずねる疑問文に〕

_____

(4) Whose albums <u>is</u> this?　〔下線部の誤りを正して〕

_____

**4**(1)2つの下線部を1語の代名詞ではどう表すかを考える。
(2)「これはだれのギターですか」という文を作る。
(3)「彼はだれのラケットを使いますか」という文を作る。
(4)albums が複数であることから考える。

**5** (1)・(2)は並べかえ，(3)・(4)は英文になおしなさい。（8点×4）

(1) ( watch / is / mine / this / not / . )

_____

(2) ( girl / sister / is / whose / that / ? )

_____

(3) 私は彼を知りません。私は彼女も知りません。

_____

(4) これらはだれの切手ですか。── 私の弟のです。

_____

**5**(1)「この時計は私のものではありません」という文を作る。
(2)「あの少女はだれのお姉〔妹〕さんですか」という文を作る。
(3)2つ目の文の「も」は否定文なので too ではない。
(4)「切手」＝ stamp。答えの文の主語は補うこと。

解答は別冊 P.16・17

❖ さらに一歩！❖　●代名詞で注意することをまとめてくれませんか？

- you には単数と複数がある。your も同様。
- its は it の所有格で，it's は it is の短縮形。
- her は所有格と目的格が同じ形。
- their は his, her, its の複数形。
- you と it は主格と目的格が同じ形。
- his は所有格と所有代名詞が同じ形。

**guitar** [gitɑ́ːr]：ギター　**racket** [rǽkit]：ラケット　**album** [ǽlbəm]：アルバム　**watch** [wɑ́tʃ]：腕時計
**either** [íːðər]：〜もまた(…ない)　**stamp** [stǽmp]：切手

# 形容詞と冠詞 / 複数の文 / likes, has などの文 / 代名詞と Whose 〜?

**1** 正しい英文になるように，（　）内から適切な語を選び，記号に○をつけなさい。

（3点×6）

1　I am（ア　a　　イ　an）English teacher.

2　He（ア　have　　イ　has）some new friends.

3　I have a lot of English（ア　books　　イ　book）.

4　This is（ア　our　　イ　ours）school.

5　My sister（ア　studys　　イ　studies）English very hard.

6　You and I（ア　am　　イ　are）junior high school students.

**2** 次の英文を日本文になおしなさい。　　　　　　　　　　　　　（5点×2）

1　Are you Americans or Canadians? —— We are Canadians.

（　　　　　　　　　　　　　　　　　　　　　　　　　　　　　　）

2　Is this pencil yours or mine? —— It's mine.  That one is mine, too.

（　　　　　　　　　　　　　　　　　　　　　　　　　　　　　　）

**3** 次の英文の下線部に適語を入れ，問答文を完成しなさい。　　（完答4点×4）

1　_____ many dictionaries do you have?

—— I _____ three.

2　_____ does he have in his hands?

—— He _____ some English books.

3　_____ those boys Hiroshi and Tadashi?

—— Yes, _____ are.

4　_____ glove is this?

—— _____ my glove.

---

このページの
単語・熟語

**a lot of 〜**：たくさんの〜　　**school** [skúːl]（スクール）：学校　　**junior high school student**：中学生
**American** [əmérikən]（アメリカン）：アメリカ人　　**Canadian** [kənéidiən]（カネイディアン）：カナダ人
**glove** [ɡlʌ́v]（グラヴ）：グローブ，手袋

◀)）　60

**4** 次の英文を〔　〕内の指示にしたがって書きかえなさい。　　　（5点×4）

1　The tall girls are my friends.　〔否定文に〕

_____

2　I wash the car every day.　〔下線部を My brother にかえて〕

_____

3　You have some albums.　〔疑問文に〕

_____

4　He has a small ball in his pocket.　〔下線部をたずねる疑問文に〕

_____

**5** 次の語群を並べかえて，正しい英文にしなさい。　　　（6点×2）

1　( some / you / stamps / have / interesting / . )

_____

2　( father / does / speak / your / English / ? )

_____

**6** 次の日本文を英文になおしなさい。　　　（8点×3）

1　これらの少年は私の兄弟ではありません。

_____

2　あなたたちも日本の出身ですか。―― はい，そうです。

_____

3　これはだれの犬ですか。―― 彼女のです。

_____

---

**tall** [tɔ́ːl]：背が高い　**wash** [wáʃ]：洗う　**small** [smɔ́ːl]：小さい　**pocket** [pákit]：ポケット
**stamp** [stǽmp]：切手　**interesting** [íntrəstiŋ]：おもしろい　**speak** [spíːk]：話す

# 形容詞と冠詞 / 複数の文 / likes, has などの文 / 代名詞と Whose ～?

**1** 正しい英文になるように，（　）内から適切な語を選び，記号に○をつけなさい。

（3点×6）

1　I have（ア　some　　イ　any）good friends.

2　I know（ア　he　　イ　him）very well.

3　I play（ア　a　　イ　the）guitar every day.

4　The boy（ア　don't　　イ　doesn't）know my parents.

5　（ア　This　　イ　These）are my cameras.

6　These toys are my（ア　sisters　　イ　sister's）.

**2** 次の英文を日本文になおしなさい。　　　　　（5点×2）

1　You have two brothers, but I don't have any brothers.

（　　　　　　　　　　　　　　　　　　　　　　　　　　）

2　How many brothers and sisters does he have? —— He has two brothers.

（　　　　　　　　　　　　　　　　　　　　　　　　　　）

**3** 次の英文の下線部に適語を入れ，問答文を完成しなさい。　　　（完答4点×4）

1　_____ your sister go to school?

—— _____, she does.

2　_____ they good baseball players?

—— No, _____ _____.

3　_____ this girl your sister?

—— Yes, _____ _____.

4　_____ Tom and Bob good friends?

—— Yes, _____ are.

このページの
単語・熟語

**friend** [frénd] フレンド：友だち　　**know ～ well**：～をよく知っている　　**guitar** [gitá:r] ギター：ギター
**parent** [péərənt] ペアレント：親（parents で「両親」の意味）　　**toy** [tɔi] トイ：おもちゃ　　**player** [pléiər] プレイア：選手

**4** 次の英文を〔 〕内の指示にしたがって書きかえなさい。 (5点×4)

1 I see some birds in this picture. 〔否定文に〕

_____

2 They speak two languages in this country. 〔下線部をたずねる疑問文に〕

_____

3 These are my mother's bags. 〔下線部をたずねる疑問文に〕

_____

4 Tom watches TV in the morning. 〔否定文に〕

_____


**5** 次の語群を並べかえて，正しい英文にしなさい。 (6点×2)

1 ( teachers / they / are / English / ? )

_____

2 ( these / ours / not / dictionaries / are / . )

_____


**6** 次の日本文を英文になおしなさい。 (8点×3)

1 あなたは何本のえんぴつを持っていますか。── 10本持っています。

_____

2 彼は英語とフランス語を話すのですか。── はい，そうです。

_____

3 私は彼女を好きではありません。彼女も私を好きではありません。

_____

---

**bird** [bə́ːrd]：鳥  **picture** [píktʃər]：絵，写真  **language** [lǽŋgwidʒ]：言語，言葉  **country** [kʌ́ntri]：国
**in the morning**：朝に，午前中に  **French** [frént∫]：フランス語

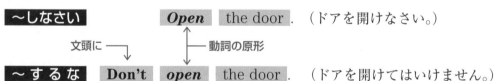

# 命令文

## 1 チェック22 命令文 / Please ~. / Don't ~. / Let's ~.

### 1 命令文

相手に「～しなさい」と命令する文を**命令文**といい，主語を省き，動詞の原形で始める。

| **ふつうの文** | *You* | study | English | . | （あなたは英語を勉強します。） |

主語はない ↓ 　┌── 動詞の原形で始める ↓

| **命令文** | × | **Study** | English | . | （英語を勉強しなさい。） |

呼びかけの名前が，命令文の前やあとにつくことがある。いずれもコンマ( , )で区切る。

命令文に了解して応じるときは，**O.K.** や **All right.** を使えばよい。

be 動詞のある文の命令文は，be 動詞の原形の be を使い，〈**Be＋形容詞 ~.**〉の形になる。

> 🍀 **Be** **kind** to your friends. （友だちには親切にしなさい。）

### 2 Please ~.

命令文に please をつけると「～してください」とていねいな言い方になる。

> 🍀 **Please** *come* here. （ここに来てください。）＝ **Come** here, **please.**

### 3 Don't ~.

文末に置くときはコンマを入れる ──┘

「～するな」という禁止を表す文は，ふつうの**命令文の前に Don't** をつける。

| **～しなさい** | | *Open* | the door | . | （ドアを開けなさい。） |

文頭に ──↓　　┌── 動詞の原形

| **～するな** | **Don't** | *open* | the door | . | （ドアを開けてはいけません。） |

Don't にも please や呼びかけの語がつくこともある。ふつうの命令文と同じに考える。

### 4 Let's ~.

「～しましょう」と相手を誘う言い方は，〈**Let's＋動詞の原形 ~.**〉で表す。

> 🍀 **Let's** *play* baseball. （野球をしましょう。）
> 　　　　　└── 動詞の原形

応答には，**Yes, let's.**（はい，そうしましょう），**O.K.**, **All right.**（いいですよ）を使う。
断るときは**No, let's not.** と言い，その理由も言うのがよい。(I'm sorry. I'm busy today.(すみません。今日は忙しいので)など)

㉗ **Open the door.**　　　　　　　　　　　　　　　　（ドアを開けなさい。）

Open_____　　_____

㉘ **Don't open the door.**　　　　　　　　　　　　　　（ドアを開けてはいけません。）

Don't open_____　_____

## ▶▶▶ポイント確認ドリル

解答は別冊 P.18・19

**1** 次の各文の(  )内から適する語を選んで，____に書きなさい。

☐(1) ( Open, Opens ) the book, Tom.　　　　　　　　　_____

☐(2) Please ( listen, listens ) to my story.　　　　　_____

☐(3) Don't ( read, reads ) this book.　　　　　　　　_____

☐(4) Let's ( go, goes ) to the park.　　　　　　　　　_____

**2** (  )内に日本語を補って，英文の意味を完成しなさい。

☐(1) This computer is not good.  Use that computer.

このコンピュータはよくありません。(　　　　　　　　　　　　　　　　　　　　)

☐(2) This computer is not good.  Don't use this computer.

このコンピュータはよくありません。(　　　　　　　　　　　　　　　　　　　　)

**3** 次の語群を日本文に合うように並べかえて，全文を書きなさい。

☐(1) 公園でサッカーをしましょう。　　( play / soccer / let's ) in the park.

_____

☐(2) 窓を開けてはいけません。　　( open / the / don't ) windows.

_____

このページの
単語・熟語

**open** [óupən]：開ける，開く　　**door** [dɔ́ːr]：ドア　　**listen to** 〜：〜を聞く
**story** [stɔ́ːri]：話，物語　　**read** [ríːd]：読む　　**use** [júːz]：使う　　**window** [wíndou]：窓

# 命令文

## 命令文 / Please ～. / Don't ～./Let's ～.

月　　日

点

**1** 下線部の誤りを正して，___に書きなさい。 （3点×4）

(1) <u>Reads</u> this letter, please.　　　　　　_____

(2) <u>Not</u> play baseball in this park.　　　　_____

(3) Let's <u>plays</u> tennis in the afternoon.　　_____

(4) <u>Doesn't</u> open your books.　　　　　　_____

**1** (1)命令文は動詞の原形で始める。
(2)・(4)禁止の命令文は Don't で始める。
(3) Let's のあとには動詞の原形が続く。

**2** ___に適語を入れて，問答文を完成しなさい。 （4点×3）

(1) _____ go to the park. ── Yes, let's.

(2) Please come to my room.

　　── All _____.

(3) Let's go to the movies, Aya.

　　── No, _____ not.  I'm busy today.

**2** それぞれ次の意味になる。
(1)「公園へ行きましょう」-「はい, そうしましょう」
(2)「私の部屋へ来てください」-「わかりました」
(3)「彩, 映画を見に行きましょう」-「いや,よしましょう。私は今日は忙しいのです」

**3** 次のような状況では，英語でどう言うか，適語を補いなさい。

（完答3点×2）

(1) 相手に窓を開けないようにお願いするとき。

　　_____ open the windows, _____.

(2) 午後野球をしようと相手を誘うとき。

　　_____ _____ baseball in the afternoon.

**3** (1)ていねいな否定の命令文に。
(2)誘う言い方は何か。

**4** 次の英文を日本文になおしなさい。 （3点×2）

(1) Don't come here today.  Come here tomorrow.

　　（　　　　　　　　　　　　　　　　　　　）

(2) Please be kind to people around you.

　　（　　　　　　　　　　　　　　　　　　　）

**4** ※ 重 要 ※
(1)「～に来る」はふつう come to ～とするが, here は副詞なので to はいらない。～に名詞がくるときに, come to ～とする。

**letter** [létər]：手紙　**come** [kʌ́m]：来る　**go to the movies**：映画を見に行く
**busy** [bízi]：忙しい　**today** [tədéi]：今日　**here** [híər]：ここに
**tomorrow** [təmárou]：明日　**people** [pí:pl]：人々　**around** [əráund]：～のまわりの

**5** 〔　〕内の指示にしたがって書きかえなさい。　（8点×4）

(1) We sing the song. 〔「～しましょう」の意味の文に〕

_____

(2) You write your name. 〔「～しなさい」の意味の文に〕

_____

(3) You walk fast. 〔「～するな」の意味の文に〕

_____

(4) Look at the map. 〔「～しましょう」の意味の文に〕

_____

**6** (1)・(2)は並べかえ，(3)・(4)は英文になおしなさい。（8点×4）

(1) ( listen / music / to / the / let's / . )

_____

(2) ( read / book / please / this / don't / , / . )

_____

(3) この部屋では日本語を話してはいけません。

_____

(4) 放課後テニスをしましょう。── ええ，そうしましょう。

_____

解答は別冊 P.19

**5** (1)誘う言い方になる。
(2)「～しなさい」というのは命令文。
(3)禁止を表す命令文。
(4)「その地図を見ましょう」の意味に。

**6** (1) let's があることから考える。let's のあとには動詞のどんな形が続くのか。
(2)禁止の命令文は，動詞の原形の前に何がつくのか。
(3)「この部屋では」= in this room。
(4)「放課後」= after school。この意味では school に a も the もつかない。

❖ **さらに一歩！** ❖　●命令文によく使われる動詞はありますか？

一般動詞では，次のようなものが比較的多く使われますから，覚えておくといいでしょう。

open（開ける）　close（閉める）　shut（閉める）　come [to ～]（〔～へ〕来る）　go [to ～]（〔～へ〕行く）

stand up（立ち上がる）　sit down（すわる）　read（読む）　write（書く）　help（手伝う）

---

**sing** [síŋ]（スィング）：歌う　**song** [sɔ́ːŋ]（ソーング）：歌　**write** [ráit]（ライト）：書く　**walk** [wɔ́ːk]（ウォーク）：歩く　**fast** [fǽst]（ファスト）：速く

**look at ～**：～を見る　**map** [mǽp]（マップ）：地図　**read** [ríːd]（リード）：読む　**after school**：放課後

🔊 67

# セクション 9-1 時刻などの言い方 ①

**チェック 23**

# 1 チェック 23 時刻の表し方・たずね方 / at ＋時刻 / What time do ～?

### 1 時刻の表し方・たずね方

時刻を表すには it を主語にして，**It is ～.** でよい。「1 時」「2 時」のようにちょうどのときは，〈～〉のところに one o'clock, two o'clock を置けばよいが，o'clock は省略されることも多い。「～時…分」のときは，〈～ …〉の順に数字を並べればよい。「1 時20分」なら one twenty となる。この場合に o'clock をつけてはならない。

❀ **It** is *six (o'clock)* in the evening. （夕方の 6 時です。）

❀ **It**'s *three thirty-five.* （3 時35分です。）

❀**参考**❀ 「ちょうど」には just,「～ごろ」には about を時刻の前につける。また，「今」の意味の now は文末につける。

「何時ですか」と現在の時刻をたずねるときには What time is it (now)? を使う。

❀ ***What time*** is it *(now)*? （〔今〕何時ですか。）

―― **It is** *ten thirty.* （10時30分です。）

*It's just seven.*

*It's three thirty-five now.*

### 2 at ＋時刻

「～時に…します」という場合の「～時に」は，時刻の前に **at** をつけて表す。

❀ I get up **at** *six.* （私は 6 時に起きます。）

❀ I go to bed **at** *eleven.* （私は11時に寝ます。）

❀**参考**❀ 「～時ごろに」と言うときには about ～とすればよいが，これにさらに at をつけて at about ～とすることもある。

### 3 What time do ～?

「何時に～しますか」とたずねるには，What time を文頭に置き，そのあとに一般動詞の疑問文の形を続ける。

❀ ***What time*** do you have breakfast? （あなたは何時に朝食を食べますか。）

―― I have breakfast *at seven thirty.* （私は 7 時半に朝食を食べます。）

❀ ***What time*** do you leave home? （あなたは何時に家を出ますか。）

―― I leave home *(at) about eight.* （私は 8 時ごろに家を出ます。）

㉙ **What time is it?** (何時ですか。)

What time ？

_____  _____

㉚ **What time do you have breakfast?** (あなたは何時に朝食を食べますか。)

What time

_____

### ▶▶▶ポイント確認ドリル

解答は別冊 P.19

**1** 次の数字で示した時刻を英語で書きなさい。

□(1) It is 11:00. → It is _____ o'clock.

□(2) It is 3:15. → It is _____ _____.

□(3) It is 9:20. → It is _____ _____.

□(4) It is 5:30. → It is _____ _____.

□(5) It is 12:40. → It is _____ _____.

**2** 次の各文の( )内から適する語を選んで，____に書きなさい。

□(1) ( This, It ) is seven in Japan now. _____

□(2) I get up ( at, in ) six every day. _____

□(3) We have breakfast about seven ( at, in ) the morning. _____

**3** 次の語群を日本文に合うように並べかえて，全文を書きなさい。

□(1) 今何時ですか。 ( time / is / what ) it now?

_____

□(2) 私は10時に寝ます。 I ( bed / to / at / go ) ten o'clock.

_____

このページの
単語・熟語

**have** [hǽv]ハヴ：食べる，飲む **breakfast** [brékfəst]ブレックファスト：朝食 **Japan** [dʒəpǽn]ヂャパン：日本
**now** [náu]ナウ：今 **get up**：起きる **about** [əbáut]アバウト：～ごろ **bed** [béd]ベッド：ベッド
**go to bed**：寝る

**1** 次の英文の下線部に適語を入れ，日本文に相当する英文を完成しなさい。　　　　　　　　　　　　　　　（完答4点×2）

(1) 今5時ちょうどです。

_____ is _____ five o'clock now.

(2) こちらでは夕方の6時です。

_____ six _____ the evening here.

**1** (1)「ちょうど」はどう表すのか。
(2)最初の空所には短縮形が入る。

**2** それぞれの問いに対する答えの文を下から1つずつ選び，記号で答えなさい。　　　　　　　　　　　　　　（4点×4）

(1) What time is it now?　　　　　　　　〔　　〕

(2) What time do you leave home?　　　〔　　〕

(3) Is it nine o'clock now?　　　　　　　〔　　〕

(4) Is it seven or eight o'clock now?　　〔　　〕

　　ア　It's not seven or eight now.  It's nine.

　　イ　Yes, it is.

　　ウ　It is ten forty.

　　エ　I leave home at eight fifteen.

**2** それぞれの質問の意味は次のようになる。
(1)「今何時ですか」
(2)「あなたは何時に家を出ますか」
(3)「今9時ですか」
(4)「今7時ですか，それとも8時ですか」

**3** 次の英文を日本文になおしなさい。　　　（4点×3）

(1) Our school begins at eight forty-five.

　（　　　　　　　　　　　　　　　　　　　　　　）

(2) I go to bed about eleven every day.

　（　　　　　　　　　　　　　　　　　　　　　　）

(3) My father usually comes home about eight o'clock.

　（　　　　　　　　　　　　　　　　　　　　　　）

**3** (1) eight forty-five は時刻を表し，その前に at が使われていることに注意する。
(2)go to bed はまとめて覚えておく。at の代わりに about が使われていることに注意する。
(3) usually の意味にも注意しておこう。

このページの
単語・熟語

**o'clock** [əklάk] オクラック：～時　**leave** [líːv] リーヴ：～を出る，～を去る　**home** [hóum] ホウム：家，家庭
**not ～ or ...**：～でも…でもない　**begin** [bigín] ビギン：始まる
**usually** [júːʒuəli] ユージュアリィ：たいてい　**come home**：帰宅する

**4** 〔　〕内の指示にしたがって書きかえなさい。　　（8点×4）

(1) It is <u>five o'clock</u> now. 〔下線部をたずねる疑問文に〕

_____

(2) You get up <u>at six thirty.</u> 〔下線部をたずねる疑問文に〕

_____

(3) Tom leaves for school <u>at eight.</u>〔下線部をたずねる疑問文に〕

_____

(4) No, it isn't seven now. It's eight.〔これが答えとなる疑問文に〕

_____

**5** (1)・(2)は並べかえ，(3)・(4)は英文になおしなさい。（8点×4）

(1) ( have / at / breakfast / do / seven / you / o'clock / ? )

_____

(2) ( is / thirty / the / it / evening / six / in / . )

_____

(3) 今日本では8時半ですか。—— はい，そうです。

_____

(4) あなたは何時に寝ますか。—— 私はたいてい11時に寝ます。

_____

**4**(1)現在の時刻をたずねる文に。

※◀ **重要** ▶※

(3)leave は「〜を出る」の意味だが，leave for 〜で「〜に(向かって)出かける」の意味を表す。leave 〜 for ... とすると「〜を出て…に向かう」の意味になる。

(4)「7時ではなく，8時」と答えていることに注意する。

**5**(1)「あなたは7時に朝食を食べるのですか」という文を作る。

(2)「夕方の6時半です」という文を作る。

(3)主語は it にする。
「日本では」
＝ in Japan。

(4)「寝る」
＝ go to bed。
「たいてい」
＝ usually。
usually は一般動詞の前に置く。

解答は別冊 P.19・20

❖ さらに一歩！ ❖　● **What time is it?** 以外に時刻をたずねる言い方はありますか？

あります。What time is it? はややかたい感じがするので，次のような表現もよく使われます。

　Do you have the time?　　　What time do you have?　　　What is the time?

What time is it? と同じ意味で，いずれもこれには時刻を答えます。

**get up**:起きる　**leave for 〜**:〜へ出かける　**have** [hǽv]:食べる　**breakfast** [brékfəst]:朝食

**in the evening**:夕方の〔に〕　**go to bed**:寝る，床に就く

# 時刻などの言い方 ②

## 1 チェック24 曜日のたずね方 / 日付のたずね方 / it の特別用法

### 1 曜日のたずね方

「今日は何曜日ですか」と曜日をたずねるには **What day is today?** か **What day is it today?** を使う。答えは，It is 〜. で，〜には曜日名を置く。

❀ **What day** is today? ── *It is* Sunday. （日曜日です。）

### 2 日付のたずね方

「今日は何月何日ですか」と日付をたずねるには，**What's[What is] the date today?** か **What day of the month is (it) today?** を使う。答えは it を使って，〈It is ＋月＋日.〉でよいが，月は英語で表し，日は数字でもよい。ただし，声に出すときは，日の数字は「〜番目（の）」という順序を表す言い方（序数）にする。その前に the をつけることもある。

❀ **What's the date** today? ── *It's* August 10. （8月10日です。）

| 曜日名 | Sunday（日曜日）  Monday（月曜日）  Tuesday（火曜日）  Wednesday（水曜日）  Thursday（木曜日）  Friday（金曜日）  Saturday（土曜日） |
| --- | --- |
| 月　名 | January（1月）  February（2月）  March（3月）  April（4月）  May（5月）  June（6月）  July（7月）  August（8月）  September（9月）  October（10月）  November（11月）  December（12月） |
| 序　数 | first（1番目）  second（2番目）  third（3番目）  fourth（4番目）  <u>fifth</u>（5番目）  sixth（6番目）  seventh（7番目）  <u>eighth</u>（8番目）  <u>ninth</u>（9番目）  tenth（10番目）  eleventh（11番目）  <u>twelfth</u>（12番目）  〈13〜19は基数（thirteen, fourteen …）に th をつける〉  twentieth（20番目）  twenty-first（21番目）  twenty-second（22番目）......  thirtieth（30番目）  thirty-first（31番目） |

[下線部の語はつづりに注意]

### 3 itの特別用法

it は時刻を表すほかに，**天候や寒暖，季節**などを表すときの主語としても用いる。

❀ **It** is sunny today.　　〈天候〉　（今日は晴れです。）

❀ **It** is very cold today.　〈寒暖〉　（今日はとても寒いです。）

❀ **It** is winter in Australia.　〈季節〉　（オーストラリアでは冬です。）

㉛ **What day is today?** （今日は何曜日ですか。）

What day is today? ＿＿＿＿＿＿＿＿＿＿＿＿＿

㉜ **What's the date today?** （今日は何月何日ですか。）

What's the date today? ＿＿＿＿＿＿＿＿＿＿＿＿＿

## ▶▶▶ポイント確認ドリル

解答は別冊 P.20

**1** 次は曜日を順に並べたものです。下線部に適切な語を書きなさい。

☐ Sunday — ＿＿＿＿＿＿ — Tuesday — Wednesday — ＿＿＿＿＿＿ —

Friday — ＿＿＿＿＿＿

**2** 次は月の名を順に並べたものです。下線部に適切な語を書きなさい。

☐ January — February — ＿＿＿＿＿＿ — April — ＿＿＿＿＿＿ —

June — ＿＿＿＿＿＿ — August — ＿＿＿＿＿＿ — October —

＿＿＿＿＿＿ — December

**3** 次は順序を表す序数を順に並べたものです。下線部に適切な語を書きなさい。

☐ first — ＿＿＿＿＿＿ — ＿＿＿＿＿＿ — fourth — ＿＿＿＿＿＿ —

sixth — seventh — ＿＿＿＿＿＿ — ＿＿＿＿＿＿ — tenth

**4** 次の語群を日本文に合うように並べかえて，全文を書きなさい。

☐(1) 今日は何曜日ですか。 （ day / is / what ）today?

＿＿＿＿＿＿＿＿＿＿＿＿＿＿＿＿＿＿＿＿＿＿＿

☐(2) 今日は何月何日ですか。 （date / what's / the ）today?

＿＿＿＿＿＿＿＿＿＿＿＿＿＿＿＿＿＿＿＿＿＿＿

---

このページの
単語・熟語

**day** [déi]：日，1日　**today** [tədéi]：今日　**date** [déit]：日付，年月日
**Sunday** [sʌ́ndei]：日曜日　**Tuesday** [t(j)úːzdei]：火曜日　**Wednesday** [wénzdei]：水曜日
**Friday** [fráidei]：金曜日

## セクション 9-2 時刻などの言い方 ②
### 曜日のたずね方 / 日付のたずね方 / it の特別用法

**1** 下線部の誤りを正して，＿＿に書きなさい。 （3点×4）

(1) <u>This</u> is very hot today. ＿＿＿＿＿＿

(2) May is the <u>five</u> month of the year. ＿＿＿＿＿＿

(3) <u>Friday</u> comes just after Tuesday. ＿＿＿＿＿＿

(4) The first <u>date</u> of the week is Sunday. ＿＿＿＿＿＿

**1** (1)寒暖を表す文の主語は何か。
(2)順番を表すもの（序数）に。
(3)意味を考える。
(4) date と day の違いを考える。

**2** ＿＿に適語を入れて，問答文を完成しなさい。 （4点×3）

(1) What ＿＿＿＿＿ is today?
—— It's Tuesday.

(2) What ＿＿＿＿＿ is it now?
—— It's just eleven o'clock.

(3) What's the ＿＿＿＿＿ today?
—— It's January 20. It's my birthday.

**2** (1)答えの文では曜日を答えている。
(2)答えの文では時刻を答えている。
(3)答えの文では日付を答えている。

**3** 順番に注意して，＿＿に適する語を書きなさい。（完答3点×2）

(1) fifth —— ＿＿＿＿＿ —— fifteenth ——
＿＿＿＿＿ —— twenty-fifth

(2) February —— ＿＿＿＿＿ —— June ——
August —— ＿＿＿＿＿ —— December

**3** (1)・(2)いくつずつの間隔になっているかに注意する。

**4** 次の英文を日本文になおしなさい。 （3点×2）

(1) It is very hot in Okinawa now.
（　　　　　　　　　　　　　　　　　　）

(2) Is it summer or winter in Australia now?
（　　　　　　　　　　　　　　　　　　）

**4** (1)寒暖を表す文になっている。
(2)季節を表す文で，疑問文である。

---

**このページの単語・熟語**

**hot** [hát]ハット：暑い **month** [mánθ]マンス：月 **of** [áv]アヴ：〜の **year** [jíər]イア：年 **just after** 〜：〜のすぐあとに **date** [déit]デイト：日付 **week** [wíːk]ウィーク：週 **summer** [sʌ́mər]サマァ：夏 **winter** [wíntər]ウィンタァ：冬

**5** 〔　〕内の指示にしたがって書きかえなさい。　（8点×4）

(1) Today is <u>December 12</u>.〔下線部をたずねる疑問文に〕

_____

(2) Today is <u>Friday</u>.〔下線部をたずねる疑問文に〕

_____

(3) May is the <u>fiveth week</u> of the year.〔下線部の誤りを正して〕

_____

(4) Tomorrow is my <u>twelve</u> birthday.〔下線部の誤りを正して〕

_____

_____

**6** (1)・(2)は並べかえ，(3)・(4)は英文になおしなさい。（8点×4）

(1) ( not / it / cold / today / is / . )

_____

(2) ( your / summer / in / is / country / it / ? )

_____

(3) 今日は何月何日ですか。── 6月9日です。（日付は英語で）

_____

(4) 東京は今暖かいですか。── はい，暖かいです。

_____

**5**(1)下線部は日付を表している。

(2)下線部は曜日を表している。

(3)下線部は2語とも修正が必要。

※ ◀ **重要** ▶ ※

**of** は「～の」の意味を表す前置詞だが，**A of B** で「**B の A**」という意味になる。**of** の前後の語の位置に注意する。

(4)つづりに注意。

**6**(1)「今日は寒くありません」の意味に。

(2)「あなたの国では夏ですか」の意味に。？があるから疑問文にする。

(3)「9日」に順番を表す序数を使う。つづりは nineth ではない。

(4)「東京は」とあるが，主語は it にして考える。

解答は別冊 P.20・21

---

❖ **さらに一歩！** ❖　● **it** は時刻・天候・寒暖・季節以外にも使われますか？

It is ～. ではなく，〈It＋一般動詞.〉の形で，天候を表す用法があります。

**It rains** a lot here in June.　（ここでは6月にはたくさん雨が降ります。）

**It snows** here in winter.　（ここでは冬に雪が降ります。）

---

**December** [disémbər]ディセンバァ：12月　**May** [méi]メイ：5月　**tomorrow** [təmárou]トゥマロウ：明日（は）
**birthday** [bə́ːrθdèi]バースデイ：誕生日　**cold** [kóuld]コウルド：寒い　**country** [kʌ́ntri]カントゥリィ：国　**warm** [wɔ́ːrm]ウォーム：暖かい

# How や Wh- で始まる疑問文 ①

**チェック 25**

## 1 チェック 25 How ~? / How old ~? / How about ~? など

**1** **How ~?…「どのように(して)」と手段・方法をたずねる。**

〈How＋do[does]＋主語＋動詞 ~?〉の語順になる。

❀ **How** do you go to school?　(あなたはどのようにして学校へ行きますか。)

—— I go to school **by bus**.　(私はバスで学校へ行きます。)

✓**注**　〈by ＋乗り物〉では，乗り物に a, the はつけない。「~へ歩いて行く」は walk to ~。

How は「どんなようすですか」と，健康状態や天候についてたずねるのにも使う。

❀ **How** are you?　(お元気ですか〔ご機嫌いかがですか〕。)

—— I'm **fine**, thank you.　(元気です，ありがとうございます。)

❀ **How**'s[**How is**] the weather in Akita?　(秋田の天気はどうですか。)

—— It's very **cold**.　(とても寒いです。)

**参考**　How do you do? は「はじめまして」の意味で，初対面のときに使う表現になる。

**2** **How old ~?…年齢をたずねる。**

〈How old＋be 動詞＋主語 ?〉の形になる。答え方は，〈主語＋be 動詞＋数字＋years old.〉となるが，years old は省略することもある。なお，「1 歳」なら one year old,「~か月」なら~ month(s) old を使う。

❀ **How old** is your father?　(あなたのお父さんは何歳ですか。)

—— He is forty-one (years old).　(41 歳です。)

How old の代わりに How tall を使うと身長をたずねる言い方になる。答え方は，~ meter ... centimeters tall, または~ feet ... inches tall とする。tall は省くこともある。

❀ **How tall** are you?　(あなたの身長はどれくらいありますか。)

—— I'm 1 meter 70 centimeters **tall**.　(1 メートル 70 センチあります。)

**3** **How about ~? …「~(について)はどうですか」とたずねる。**

❀ I like baseball.　**How about** you, Tom?

(ぼくは野球が好きです。トム，きみはどうですか。)

—— I like baseball, too.　(ぼくも野球が好きです。)

> How で始まる疑問文はふつうはどれも下げ調子だよ。

㉝ **How do you go to school?**　　　（あなたはどのようにして学校へ行きますか。）

How _____　　　_____

㉞ **How old is your father?**　　　（あなたのお父さんは何歳ですか。）

How old _____　　　_____

## ▶▶▶ポイント確認ドリル

解答は別冊 P.21

**1** それぞれの質問の文に対する正しい答えの文を1つずつ選び，記号を○でかこみなさい。

☐(1) How old are you?

　　ア　Yes, I am.　　　　　　イ　I'm fine, thank you.

　　ウ　I am eleven.　　　　　エ　Yes, I do.

☐(2) How do you go to school?

　　ア　I go by bus.　　　　　イ　No, I don't.

　　ウ　No, I'm not.　　　　　エ　I don't like the bus.

☐(3) How are you?

　　ア　Yes, I am.　　　　　　イ　Yes, I do.

　　ウ　I'm fine, thank you.　エ　I'm twelve years old.

**2** ___に適切な語を入れて，問答文を完成しなさい。

☐(1) *A:* How _____ are you?

　　*B:* I'm 1 meter 74 centimeters tall.

☐(2) *A:* _____ is the weather in Tokyo in summer?

　　*B:* It's very hot.　How _____ in your city?

　　*A:* It's very hot, too.

---

このページの
単語・熟語

**fine** [fáin]：元気な　**eleven** [ilévn]：11（の）　**bus** [bʌs]：バス　**twelve** [twélv]：12（の）
**meter** [míːtər]：メートル　**centimeter** [séntimìːtər]：センチメートル
**weather** [wéðər]：天気

# How や Wh- で始まる疑問文 ①
## How ~? / How old ~? / How about ~? など

**1** （　）内から適切な語を選びなさい。　（3点×4）

(1) Please come here ( in, by, on ) bus.

(2) I like dogs. How ( in, to, about ) you, Akemi?

(3) ( What, Who, How ) old is your grandfather?

(4) How tall ( is, am, are ) your sister?

**1** (1)交通手段を表すのは何か。
(2)すでに話題になっていることをたずねる表現。
(3)年齢をたずねる疑問文。
(4)身長をたずねる疑問文。

**2** ____に適語を入れて，問答文を完成しなさい。　（完答3点×4）

(1) Do you go to school _____ bike?

　—— No, I don't. I walk _____ school.

(2) This is my new friend, Fred.

　—— _____ do you _____, Kazuko?

(3) _____ _____ is your brother?

　—— He's three months old. He's just a baby.

(4) How _____ you today?

　—— I'm fine, thank you. _____ about you?

　—— I'm fine too, thank you.

**2** (1)交通手段などの言い方に注意。
(2)初対面の人へのあいさつになる。
(3)答えの three months old に注目する。
(4)最初は健康状態をたずねる文になる。「〜はどうですか」はどう言うかも考えてみよう。

**3** それぞれの問いに対する答えの文を下から1つずつ選び，記号で答えなさい。　（3点×4）

(1) How does your father go to his office?　〔　　〕

(2) How old is your grandmother?　〔　　〕

(3) How tall is the baby now?　〔　　〕

(4) How's the weather in London?　〔　　〕

　　ア　It's sunny.　　イ　She's just sixty.

　　ウ　He walks.　　エ　Only about 70 centimeters.

**3** 質問の意味は次の通り。
(1)「お父さんは会社へどうやって行っていますか」
(2)「おばあさんは何歳ですか」
(3)「その赤ちゃんは今どれくらいの背丈(せたけ)がありますか」
(4)「ロンドンの天気はどうですか」

---

**このページの単語・熟語**

by [bái]：〜で　bus [bás]：バス　grandfather [grǽnfɑ̀ːðər]：祖父，おじいさん
walk to ~：〜へ歩いて行く　just [dʒʌ́st]：ほんの　baby [béibi]：赤ちゃん
office [ɔ́ːfis]：事務所，会社　only [óunli]：ほんの

**4** 下線部をたずねる疑問文に書きかえなさい。　（8点×4）

(1) Jane is <u>thirteen years</u> old.

_____

(2) Tom goes to school <u>by bicycle</u>.

_____

(3) Mr. Smith has <u>three</u> cars.

_____

(4) Ms. Nakamura is <u>5 feet 5 inches</u> tall.

_____

**5** (1)・(2)は並べかえ，(3)・(4)は英文になおしなさい。（8点×4）

(1) ( come / school / how / to / you / do / ? )

_____

(2) ( come / train / I / to / school / by / . )　〔(1)の答えの文〕

_____

(3) あなたの身長はどれくらいですか。―― 150センチです。

_____

(4) 私はその先生が好きです。あなたはどうですか。

_____

解答は別冊 P.21

**4** (1)下線部は年齢を表している。
(2)下線部は交通手段を表している。
(3)下線部は数を表している。
(4)下線部は身長を表している。

**5** (1)「あなたはどうやって学校に来ますか」の文に。
(2)「私は電車で学校に来ます」の文に。
(3)「150センチ」＝ one[a] hundred (and) fifty centimeters.
(4)「～はどうですか」はどう表すかを考える。

❖ さらに一歩！❖　● How で始まる疑問文にはほかにどんなものがありますか？

〈**How＋形容詞**〉の形で，How much は「いくら」と値段を，How longは「どれくらい長い」と長さを，How farは「どれくらい遠く」と距離を，How deepは「どれくらい深く」と深さをたずねる言い方になります。

　**How long** is that new bridge?　（あの新しい橋はどれくらいの長さがありますか。）

**Jane** [dʒéin]：ジェーン（女性の名前）　**bicycle** [báisikl]：自転車＝ bike　**feet** [fíːt]：フィート（1フィートは約30cm。単数形は foot）　**inch** [íntʃ]：インチ（約2.54cm）　**train** [tréin]：電車，列車

# セクション 10-2 How や Wh- で始まる疑問文 ②

チェック 26・27

## 1 チェック26 Who ～? / Which ～?

**1 Who ～?…「だれ（が）」の意味を表す。**

Who のあとには be 動詞が続く場合と，一般動詞が続く場合がある。くわしくは，それぞれ チェック6，チェック19 を参照のこと。また，Whose については チェック21 参照。

**2 Which is ～?…「どちら」の意味を表す。**

〈Which is ～?〉の形になる。

❀ **Which** is your dictionary? （どちらがあなたの辞書ですか。）

—— This is mine. （これが私のです。）

which は名詞の前につけて「どちらの～」の意味にもなる。

❀ **Which *book*** is yours? （どちらの本があなたのですか。）

—— That book is mine. （あの本が私のです。）

> Which の疑問文は下げ調子よ。

## 2 チェック27 When ～? / Where ～?

**1 When ～? …「いつ」と時についてたずねる。**

❀ **When** is your birthday? （あなたの誕生日はいつですか。）

—— It's March 4. （3月4日です。）

❀ **When** do you swim? （あなたはいつ泳ぎますか。）

—— I swim *in summer*. （夏に泳ぎます。）

✓注 季節や年・月の前には in，曜日や日付の前には on を使う。

**2 Where ～? …「どこに」「どこで」と場所についてたずねる。**

❀ **Where** is[Where's] your mother? （お母さんはどこにいますか。）

—— She's *in the kitchen*. （台所にいます。）

❀ **Where** does he live? （彼はどこに住んでいますか。）

—— He lives *in Kyoto*. （彼は京都に住んでいます。）

✓注 場所を表して「～に，～で」というときは in を使うが，狭い場所には at も使う。

※参考※ 「なぜ」と理由をたずねるときは，Why で始めてこのあとを疑問文の語順にする。

㉟ **When do you swim?**　　　　　　　　　　　　（あなたはいつ泳ぎますか。）

When _____ ? _____

㊱ **Where does he live?**　　　　　　　　　　　（彼はどこに住んでいますか。）

Where _____ ? _____

## ▶▶▶ポイント確認ドリル

解答は別冊 P.21・22

**1** （　）内の日本語を参考にして，____に適語を書きなさい。

☐ (1) _____ is that boy?　（だれですか）

☐ (2) _____ is your book?　（どちらが）

☐ (3) _____ is your new bike?　（どこですか）

☐ (4) _____ is your birthday?　（いつですか）

☐ (5) _____ pen is this?　（だれのペンですか）

**2** ____に適切な語を入れて，問答文を完成しなさい。

☐ (1) _____ do you live? —— I live in Osaka.

☐ (2) _____ do you swim? —— I swim in summer.

☐ (3) _____ is your book? —— This is my book.

☐ (4) _____ cleans this room? —— My sister does.

**3** 次の語群を日本文に合うように並べかえて，全文を書きなさい。

☐ (1) あなたはどこで泳ぎますか。　（ you / where / do ）swim?

_____

☐ (2) あなたの自転車はどちらですか。　（ is / your / which ）bike?

_____

**このページの単語・熟語**

**swim** [swím スウィム]：泳ぐ　**live** [lív リヴ]：住んでいる　**boy** [bɔ́i ボイ]：少年，男の子
**birthday** [bə́ːrθdèi バースデイ]：誕生日　**summer** [sʌ́mər サマァ]：夏　**clean** [klíːn クリーン]：そうじする
**room** [rúːm ルーム]：部屋

81

# How や Wh- で始まる疑問文 ②
## Who ~? / Which ~? // When ~? / Where ~?

月　日

点

**1** 下線部の誤りを正して，____に書きなさい。　（3点×4）

(1) Who <u>wash</u> the car every day?　　　_____

(2) When <u>are</u> your mother's birthday?　　_____

(3) Whose <u>pencil</u> are these?　　　　　_____

(4) Where <u>do</u> he study English?　　　　_____

**1** (1) who は 3 人称・単数扱い。
(2) 主語は birthday。
(3) 単数・複数に注意。
(4) he は 3 人称・単数。

**2** ____に適語を入れて，問答文を完成しなさい。　（完答3点×4）

(1) _____ is your pencil?

　—— This long pencil is mine.

(2) _____ do you play tennis?

　—— I play tennis in the park.

(3) _____ do you watch TV?

　—— I watch TV after dinner.

　　 I don't watch TV _____ dinner.

(4) _____ notebook is this?

　—— It's my notebook.

**2** (1)「どちらが」という意味の語が入る。
(2) in the park は「公園で」という場所を表していることに注意。
(3) after dinner は「夕食後に」という時を表していることに注意。2 つ目の空所には after と反対の意味の語を入れる。
なお，after と before は，When ~? の疑問文の答えによく使われる。
(4) my notebook の my を疑問詞にするとどうなるか。

**3** それぞれの問いに対する答えの文を下から1つずつ選び，記号で答えなさい。　（3点×4）

(1) Who lives in that house?　　　　〔　　〕

(2) Where does Jane live?　　　　　〔　　〕

(3) When does Jane clean her room?　〔　　〕

(4) Which is Jane's house?　　　　　〔　　〕

　　ア　That large house is.　　　イ　Jane does.

　　ウ　She lives in London.　　　エ　Every day.

**3** (1)「人」をたずねている。
(2)「場所」をたずねている。
(3)「時」をたずねている。
(4)「どちら」とたずねている。

---

このページの
単語・熟語

**wash** [wάʃ]：洗う　**pencil** [pénsl]：えんぴつ　**long** [lɔ́ːŋ]：長い　**mine** [máin]：私のもの
**after** [ǽftər]：～のあとで　**dinner** [dínər]：夕食，ディナー　**before** [bifɔ́ːr]：～の前に

82

**4** 下線部をたずねる疑問文に書きかえなさい。　（8点×4）

(1) Your pen is <u>that red one</u>.

_____

(2) Tom watches TV <u>in the living room</u>.

_____

(3) <u>Tom</u> opens the windows every morning.

_____

(4) They do their homework <u>before breakfast</u>.

_____

**5** (1)・(2)は並べかえ，(3)・(4)は英文になおしなさい。（8点×4）

(1) ( house / is / new / your / which / ? )

_____

(2) ( does / live / where / aunt / your / ? )

_____

(3) だれが学校へ歩いて行くのですか。——私です。

_____

(4) ジェーンはいつお母さんの手伝いをするのですか。

_____

解答は別冊 P.22

**4**※〰〰〰 重 要 〰〰〰※
(1) **that red one** の one は, pen をくり返す代わりに使われているもので,「1つ(の)」の one とは異なるものである。☞チェック**20**
(2)下線部は場所を表している。
(3)下線部は「人」。あとに続く一般動詞の主語になる。
(4)下線部は時を表している。なお，They do の do は「する」の意味の一般動詞。

**5**(1)「どちらがあなたの新しい家ですか」という文を作る。
(2)「あなたのおばさんはどこに住んでいますか」という文を作る。
(3)「～へ歩いて行く」= walk to ～。
(4)「ジェーン」= Jane。「手伝う」= help。

❖さらに一歩！❖　● Which の文はすべて be 動詞の疑問文になるのですか？

そういうことはありません。次の例文を見てみましょう。

**Which computer** do you *use* every day?（あなたはどちらのコンピュータを毎日使うのですか。）

—— I use this new one every day.　（私はこの新しいのを毎日使っています。）

red [réd]:赤い　**living room**:居間　**open** [óupən]:開ける　**window** [wíndou]:窓

**every morning**:毎朝　**do one's homework**:宿題をする(one's には所有格がくる)　**aunt** [ǽnt]:おば

# 現在進行形の文 ①

チェック**28**

🔊 84

## **1** チェック**28** 現在進行形の文 / ing のつけ方 / 現在進行形の否定文

### 1 現在進行形の文

一般動詞の現在形の文は，現在の事実や習慣を表すのに対し，**現在進行形**は，ある動作が進行中であることを表す。現在進行形は，動詞の部分を**〈be 動詞 (is, am, are) ＋〜ing〉**の形にする。**「〜している，〜しているところだ」**の意味を表す。

| 現在形 | I | **watch** | TV | *every day* | .（私は毎日テレビを見ます。） |

┌── 主語に合った be 動詞を使う
↓

| 現在進行形 | I | **am watching** | TV | *now* | .（私は今テレビを見ています。） |

〈be 動詞＋〜ing〉

❀ Jane **is playing** tennis in the park.（ジェーンは公園でテニスをしています。）

❀ They **are helping** their mother. （彼らはお母さんの手伝いをしています。）

❀ I**'m doing** my homework now. （私は今宿題をしているところです。）

❀ He**'s studying** English now. （彼は今英語を勉強しているところです。）

### 2 ing のつけ方

▶原形にそのまま ing：play — play**ing**, walk — walk**ing**, study — study**ing**

▶-e で終わる語は，e をとって ing：write — writ**ing**, make — mak**ing**, come — com**ing**
 ［ただし，see のように e が 2 つある場合はそのまま ing をつける:seeing］

▶〈短母音＋子音字〉で終わる語は，その子音字を重ねて ing：run — run**ning**, swim — swim**ming**, sit — sit**ting**, cut — cut**ting**

### 3 現在進行形の否定文

現在進行形は be 動詞を使っているので，これまでの be 動詞のある文の否定文と同じように，be 動詞のあとに not を入れて，**〈be動詞(is, am, are)＋not＋〜ing〉**の形になる。

┌── be 動詞のあとに not
↓

❀ I **am** **not** **studying** English now. （私は今英語を勉強していません。）

❀ He **isn't swimming** now. （彼は今泳いでいません。）

❀ We**'re not playing** the game now. （私たちは今ゲームをしていません。）

㊲ **I am watching TV now.** （私は今テレビを見ています。）

I am watching
_____  _____

㊳ **I'm not studying English.** （私は英語を勉強していません。）

I'm not studying
_____  _____

**▶▶▶ポイント確認ドリル**  解答は別冊 P.22・23

**1** 次の動詞の〜**ing** 形を書きなさい。

☐(1) play ＿＿＿＿＿＿  ☐(2) help ＿＿＿＿＿＿

☐(3) come ＿＿＿＿＿＿  ☐(4) study ＿＿＿＿＿＿

☐(5) swim ＿＿＿＿＿＿  ☐(6) make ＿＿＿＿＿＿

☐(7) write ＿＿＿＿＿＿  ☐(8) run ＿＿＿＿＿＿

**2** 次の各文の（ ）内から適する語を選んで，＿＿に書きなさい。

☐(1) I ( is, am ) watching a baseball game.  ＿＿＿＿＿＿

☐(2) They ( is, are ) walking in the park together.  ＿＿＿＿＿＿

☐(3) ( We, He ) are washing the car now.  ＿＿＿＿＿＿

☐(4) ( He, He's ) studying math now.  ＿＿＿＿＿＿

**3** 次の語群を日本文に合うように並べかえて，全文を書きなさい。

☐(1) 彼女は公園で遊んでいます。 ( is / she / playing ) in the park.

_____

☐(2) 私は今勉強していません。 I ( not / am / studying ) now.

_____

---

このページの
単語・熟語

**play** [pléi]：遊ぶ **make** [méik]：作る **write** [ráit]：書く **run** [rʌ́n]：走る
**game** [géim]：試合 **together** [təgéðər]：いっしょに **wash** [wɑ́ʃ]：洗う
**math** [mǽθ]：数学

◀)) 85

# 現在進行形の文 ①

**現在進行形の文 / ing のつけ方 / 現在進行形の否定文**

月　日

点

---

**1** 下線部の誤りを正して，＿＿に書きなさい。　　（3点×4）

(1) Tom is <u>writeing</u> a letter now.　　＿＿＿＿＿＿

(2) <u>I'm am</u> studying English now.　　＿＿＿＿＿＿

(3) He <u>doesn't</u> helping his mother now.　　＿＿＿＿＿＿

(4) We are <u>listen</u> to music now.　　＿＿＿＿＿＿

**1** (1)write は e で終わる語。
(2)be 動詞は 1 つでよい。
(3)現在進行形の否定文になる。
(4)現在進行形の基本形にあてはめる。

---

**2** 自然な内容になるように，＿＿に適する語を右から1つずつ選び，その語を〜**ing** 形にして書きなさい。　（3点×4）

(1) I'm ＿＿＿＿＿＿ the guitar now.

(2) He's ＿＿＿＿＿＿ a magazine now.

(3) She is ＿＿＿＿＿＿ on the chair now.

(4) Aya is ＿＿＿＿＿＿ lunch now.

| read |
| cook |
| play |
| sit |

**2** (1)目的語の guitar から考える。
(2)同じく目的語の magazine から考える。
(3)on the chair から考える。
(4)目的語の lunch から考える。

---

**3** 次の英文の下線部に適語を入れ，日本文に相当する英文を完成しなさい。　　（完答3点×2）

(1) トムとボブは今走っているところです。

Tom and Bob ＿＿＿＿＿＿ ＿＿＿＿＿＿ now.

(2) 私は今泳いでいるところではありません。

I'm ＿＿＿＿＿＿ ＿＿＿＿＿＿ now.

**3** (1)主語は複数。run の ing 形に注意する。
(2)否定文になる。swim の ing 形に注意する。

---

**4** 意味の違いに注意して，日本文になおしなさい。　（3点×2）

(1) I watch TV after dinner every day.

（　　　　　　　　　　　　　　　　　）

(2) I'm watching TV in the living room now.

（　　　　　　　　　　　　　　　　　）

**4** (1)毎日の習慣を表していると考える。
(2)今現在行われていることを表している。

---

このページの
単語・熟語

**letter** [létər レタァ]：手紙　**listen to 〜**：〜を聞く　**guitar** [gitάːr ギター]：ギター
**magazine** [mæɡəzíːn マガズィーン]：雑誌　**chair** [tʃéər チェア]：いす　**lunch** [lΛntʃ ランチ]：昼食
**read** [ríːd リード]：読む　**sit** [sít スィット]：すわる

**5** 〔　〕内の指示にしたがって書きかえなさい。　（8点×4）

(1) He reads the story.　〔now を加えて現在進行形の文に〕

_____

(2) I do my homework.　〔now を加えて現在進行形の文に〕

_____

(3) They study English.　〔現在進行形の否定文に〕

_____

(4) Helen makes breakfast.　〔現在進行形の否定文に〕

_____

**6** (1)・(2)は並べかえ，(3)・(4)は英文になおしなさい。（8点×4）

(1) ( very / is / Tom / fast / running / . )

_____

(2) ( speaking / not / I / Chinese / am / . )

_____

(3) 次郎と和子は公園で歩いています。

_____

(4) 彼は笑っているのではありません。彼は泣いているのです。

_____

解答は別冊 P.23

**5** now はふつう文末に置く。
(1)〜ing は動詞の原形につける。be 動詞は主語に合わせる。
(2)この文の do は一般動詞の do である。
(3)・(4)現在進行形の文を作ったあとで，否定文にすることを考える。

**6**(1)「トムはとても速く走っています」という文を作る。現在進行形。
(2)「私は中国語を話しているのではありません」という文を作る。現在進行形の否定文。
(3)「公園で」
＝ in the park。主語は複数である。
(4)「笑う」＝ laugh。
「泣く」＝ cry。第1文は否定文。

❖ さらに一歩！❖ ●現在進行形は近い未来の予定も表すそうですね？

そうです。come や go, leave のような往来発着を表す動詞が，時を表す副詞と使われるのがふつうです。

　Mr. Brown **is going** back to America *next week*.　（ブラウンさんは来週アメリカに帰ります。）

　Tom **is leaving** Japan *soon*.　（トムは間もなく日本を離れます。）

**story** [stɔ́:ri]：物語　**breakfast** [brékfəst]：朝食　**fast** [fǽst]：速く　**speak** [spí:k]：話す
**Chinese** [tʃàiní:z]：中国語　**park** [pá:rk]：公園　**laugh** [lǽf]：笑う　**cry** [krái]：泣く

# 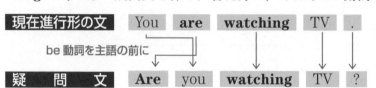セクション 11-2 現在進行形の文 ②

チェック 29・30

## 1 チェック29 現在進行形の疑問文と答え方

これまでの be 動詞の文と同じように，be 動詞を主語の前に出して，〈Is[Am, Are]＋主語＋〜ing ...?〉の形で疑問文を作る。答え方は，やはり be 動詞を使う。

| 現在進行形の文 | You | **are** | **watching** | TV | . |

be 動詞を主語の前に

| 疑　問　文 | **Are** | you | **watching** | TV | ? |

（あなたはテレビを見ているのですか。）

be 動詞のある文の疑問文や否定文の作り方はみな同じなんだね。

—答え方— { Yes, I **am**. （はい，見ています。）
No, I **am not**. （いいえ，見ていません。）

❀ **Are** they **running** in the park? （彼らは公園で走っているのですか。）

{ Yes, they **are**. （はい，そうです。）
No, they **aren't**. （いいえ，走っていません。）

## 2 チェック30 Whatなどで始まる現在進行形の疑問文

what, who, where などの疑問詞とともに現在進行形が使われる疑問文を作ることができる。答えるときは，Yes, No は使わず，進行形を使って答えるが，who が主語として使われているときは，答えの主語のあとには be 動詞だけでよい。

❀ *What* **are** you **reading**? （あなたは何を読んでいるのですか。）

——— I'm **reading** *a magazine*. （雑誌を読んでいます。）

❀ *What* **are** you **doing** here? （あなたはここで何をしているのですか。）

——— I'm *playing the guitar*. （ギターを弾いているところです。）

✓注 doing は一般動詞 do（〜をする）の〜ing 形である。

❀ *Who* **is singing** now? （今歌っているのはだれですか。）

——— *Tom* **is**. （トムです。）

❀ *Where* **is** he **studying**? （彼はどこで勉強しているのですか。）

——— He **is studying** *in the library*. （図書館で勉強しています。）

●最重要文の練習● 次の英文を_____に書きましょう。

㊴ **Are you watching TV?** （あなたはテレビを見ているのですか。）

Are you watching     ? _____

㊵ **What are you doing?** （あなたは何をしているのですか。）

What     ? _____

## ▶▶▶ポイント確認ドリル

解答は別冊 P.23

**1** ___に **Is, Am, Are** のうち，適する語を書きなさい。

☐(1) _____ she watching TV in her room?

☐(2) _____ you cooking dinner now?

☐(3) _____ I walking or running?

☐(4) _____ they doing their homework now?

**2** （　）内の日本語を参考にして，___に適語を書きなさい。

☐(1) _____ is walking with a big dog?　（だれですか）

☐(2) _____ are they playing soccer?　（どこでしていますか）

☐(3) _____ are you writing?　（何を書いていますか）

☐(4) What are you _____?　（何をしていますか）

**3** 次の語群を日本文に合うように並べかえて，全文を書きなさい。

☐(1) あなたはトムと走っているのですか。　（ you / running / are ）with Tom?

_____

☐(2) あなたは何を作っているのですか。　What（ you / making / are ）?

_____

このページの
単語・熟語

**do** [dúː]：する　**room** [rúːm]：部屋　**cook** [kúk]：料理する　**walk** [wɔ́ːk]：歩く
**run** [rʌ́n]：走る　**homework** [hóumwə̀ːrk]：宿題　**with** [wíð]：〜といっしょに
**write** [ráit]：書く

89

**1** 下線部の誤りを正して，＿＿に書きなさい。　（3点×4）

(1) Is Ken and Junko swimming in the sea?　＿＿＿＿＿＿

(2) Where do they watching TV?　＿＿＿＿＿＿

(3) What are you doeing here?　＿＿＿＿＿＿

(4) Am you listening to me?　＿＿＿＿＿＿

**1** (1)主語は複数。
(2)進行形には be 動詞が必要。
(3) do の ing 形は正しいか。
(4)主語は you になる。

**2** ＿＿に適語を入れて，問答文を完成しなさい。　（完答3点×4）

(1) What are you studying?

―― ＿＿＿＿＿ ＿＿＿＿＿ math.

(2) ＿＿＿＿＿ Akemi working in the kitchen?

―― Yes, she is.

(3) Are you and your brother helping your mother?

―― Yes, ＿＿＿＿＿ ＿＿＿＿＿.

(4) ＿＿＿＿＿ is swimming in the pool?

―― Tom and Jim ＿＿＿＿＿.

＿＿＿＿＿ swimming very fast.

**2** (1)答えの文に短縮形を使う。
(2)主語は3人称・単数。
(3)答えの文の主語に注意する。
(4) who は3人称・単数扱いなので，答えの文の主語に関係なく be 動詞は is にする。最後の空所には短縮形が入る。

**3** それぞれの問いに対する答えの文を下から1つずつ選び，記号で答えなさい。　（3点×4）

(1) Are you studying math or English?　〔　　〕

(2) Are you listening to the CD?　〔　　〕

(3) What are you eating?　〔　　〕

(4) Where are you playing?　〔　　〕

ア　We're playing in the park.　イ　I'm studying math.

ウ　I'm eating sandwiches.　エ　Yes, I am.

**3** まず質問の文と答えの文に共通する部分がないかを考えよう。質問の意味を十分に考えた上で，答えの文を検討してみよう。

このページの
単語・熟語

**sea** [síː]：海　**here** [híər]：ここで　**listen to ~**：~を聞く　**work** [wə́ːrk]：働く
**kitchen** [kítʃən]：台所　**pool** [púːl]：プール　**fast** [fǽst]：速く　**eat** [íːt]：食べる
**sandwich** [sǽndwitʃ]：サンドイッチ

🔊 90

**4** 〔 〕内の指示にしたがって書きかえなさい。 （8点×4）

(1) You sing an American song. 〔現在進行形の疑問文に〕

_____

(2) They run in the garden. 〔現在進行形の疑問文に〕

_____

(3) Jane is cooking in the kitchen.〔下線部をたずねる疑問文に〕

_____

(4) Tom is writing a letter. 〔下線部をたずねる疑問文に〕

_____


**5** (1)・(2)は並べかえ，(3)・(4)は英文になおしなさい。（8点×4）

(1) ( you / watching / TV / are / now / ? )

_____

(2) ( you / here / doing / what / are / ? )

_____

(3) 彼は宿題をしているところですか。—— はい，そうです。

_____

(4) 彼は何を作っているのですか。—— 犬小屋を作っています。

_____

**4** (1)・(2)まず現在進行形の文を作り，それを疑問文にしてみよう。
(3)下線部は主語。
❋ ◁ **重 要** ▷ ❋
(4) **a letter** だけに下線があれば，**What is Tom writing?** でよいが，**writing a letter** 全体に下線があるので，「何をしているのか」とたずねる文を作る。「する」は一般動詞 **do** を使う。

**5** (1)「あなたは今テレビを見ているのですか」という文を作る。
(2)「あなたはここで何をしているのですか」という文を作る。
(3)「宿題をする」
＝do one's homework。
(4)「作る」＝ make。「犬小屋」
＝ doghouse。kennelという語もあるが，一般の家庭にあるものはdoghouse。

解答は別冊 P.23・24

❖ **さらに一歩！** ❖ ● **look at** や **listen to** などは，疑問詞の疑問文ではどうなりますか？

疑問詞のあとに疑問文の語順を続け，最後に **at** や **to** を置いて作ることができます。

**What are** you **looking at**? （あなたは何を見ていますか。） [look at ～：～を見る]

**Which CD is** he **listening to**? （彼はどちらのCDを聞いていますか。） [listen to ～：～を聞く]

**sing** [sín]（スィング）：歌う **American** [əmérikən]（アメリカン）：アメリカの **song** [sɔ́ːŋ]（ソーング）：歌 **run** [rʌ́n]（ラン）：走る
**garden** [gáːrdn]（ガードゥン）：庭，庭園 **letter** [létər]（レタァ）：手紙 **make** [méik]（メイク）：作る

# 命令文 / 時刻などの言い方 / HowやWh- で始まる疑問文 / 現在進行形の文

**1** 正しい英文になるように，（ ）内から適切な語を選び，記号に○をつけなさい。

（3点×6）

1　（　ア　Write　　イ　Writes ）your name here.

2　（　ア　This　　イ　It ) is sunny today.

3　I am（　ア　study　　イ　studying ）English now.

4　My sister is ten（　ア　year　　イ　years ) old.

5　（　ア　Don't　　イ　Doesn't ) open the door.

6　I go to bed（　ア　in　　イ　at ) ten.

**2** 次の英文を日本文になおしなさい。

（5点×2）

1　Please don't touch my dictionary.

（　　　　　　　　　　　　　　　　　　　　　　　　　　　　　　　　）

2　I like that picture.  How about you?

（　　　　　　　　　　　　　　　　　　　　　　　　　　　　　　　　）

**3** 次の英文の下線部に適語を入れ，問答文を完成しなさい。

（4点×4）

1　＿＿＿＿＿＿＿＿＿ do you go to school?

―― I go to school by bus.

2　What ＿＿＿＿＿＿＿ is today?

―― It's Thursday.

3　What ＿＿＿＿＿＿＿ is it now?

―― It's seven o'clock.

4　＿＿＿＿＿＿＿＿＿ does your sister live?

―― She lives in Sendai.

---

このページの
単語・熟語

**write** [ráit]（ライト）：書く　**here** [híər]（ヒア）：ここに　**sunny** [sʌ́ni]（サニィ）：晴れた　**open** [óupən]（オウプン）：開ける
**go to bed**：寝る　**touch** [tʌ́tʃ]（タッチ）：さわる　**dictionary** [díkʃənèri]（ディクショネリィ）：辞書
**picture** [píktʃər]（ピクチャァ）：絵，写真

**4** 次の英文を〔 〕内の指示にしたがって書きかえなさい。　　　　　　　（6点×4）

1　We walk to school.　〔「～しましょう」という意味の文に〕

_____

2　Junko is <u>1 meter 50 centimeters</u> tall.　〔下線部をたずねる疑問文に〕

_____

3　No, it isn't.  It isn't Sunday today.　〔この文が答えとなる疑問文に〕

_____

4　Ken is washing the car <u>now</u>.　〔下線部を every day にかえて現在の文に〕

_____


**5** 次の語群を並べかえて，正しい英文にしなさい。　　　　　　　　　　（6点×2）

1　( with / walking / who / is / him / ? )

_____

2　( is / reading / the / the / boy / book / where / ? )

_____


**6** 次の日本文を英文になおしなさい。　　　　　　　　　　　　　　　（10点×2）

1　今日は学校へ行ってはいけません。今日は日曜日です。

_____

2　あなたはテレビを見ているのですか，それともゲームをしているのですか。
　　── テレビを見ています。

_____

_____

**walk** [wɔ́ːk]：歩く　**walk to ～**：～へ歩いて行く　**tall** [tɔ́ːl]：身長が～ある
**wash** [wáʃ]：洗う　**with** [wíð]：～といっしょに　**play the game**：ゲームをする

🔊 93

93

# 命令文 / 時刻などの言い方 / HowやWh- で始まる疑問文 / 現在進行形の文

**1** 正しい英文になるように, ( )内から適切な語を選び, 記号に○をつけなさい。

（3点×4）

1　Who ( ア　plays　　イ　playing ) the piano well?

2　Let's ( ア　go　　イ　goes ) to the park.

3　February is the ( ア　two　　イ　second ) month of the year.

4　They ( ア　aren't　　イ　don't ) watching TV now.

**2** 次の英文を日本文になおしなさい。

（6点×2）

1　Our school begins at eight thirty, and ends at three thirty.

　（　　　　　　　　　　　　　　　　　　　　　　　　　　　　）

2　He is not walking.  He is running slowly.

　（　　　　　　　　　　　　　　　　　　　　　　　　　　　　）

**3** 次の英文の下線部に適語を入れ, 問答文を完成しなさい。

（完答4点×5）

1　Is _____ cloudy today?

　—— Yes, it is.

2　What's the _____ today?

　—— It's April 30.

3　_____ is your umbrella?

　—— This is mine.

4　_____ do you play football?

　—— We play football after school.

5　_____ _____ is your grandmother?

　—— She is sixty-eight.

---

このページの
単語・熟語

**well** [wél]：上手に　**begin** [bigín]：始まる　**end** [énd]：終わる　**slowly** [slóuli]：ゆっくり
**cloudy** [kláudi]：くもった　**umbrella** [ʌmbrélə]：かさ　**football** [fútbɔ̀ːl]：フットボール

**4** 次の英文を〔　〕内の指示にしたがって書きかえなさい。　　　　　　（6点×4）

1　You get up early every morning.　〔命令文に〕

_____

2　He goes to bed <u>at ten thirty</u>.　〔下線部をたずねる疑問文に〕

_____

3　Does he swim in the river?　〔現在進行形の疑問文に〕

_____

4　They are <u>playing tennis</u> in the park.　〔下線部をたずねる疑問文に〕

_____


**5** 次の語群を並べかえて，正しい英文にしなさい。　　　　　　　　　（6点×2）

1　( come / house / tomorrow / at / to / my / nine / . )

_____

2　( leave / about / here / let's / o'clock / seven / . )

_____


**6** 次の日本文を英文になおしなさい。　　　　　　　　　　　　　　（10点×2）

1　日本では学校はいつ始まるのですか。―― 4月に始まります。

_____

2　あなたはいつもは何時に朝食を食べますか。

　　―― 私は7時ごろに朝食を食べます。

_____

_____

---

**get up**：起きる　**early** [ə́ːrli]（アーリィ）：早く　**go to bed**：寝る　**river** [rívər]（リヴァ）：川　**come** [kʌm]（カム）：来る
**come to ～**：～へ来る　**house** [háus]（ハウス）：家　**leave** [líːv]（リーヴ）：出る　**breakfast** [brékfəst]（ブレックファスト）：朝食

🔊

# セクション 12-1 can の文 ①

*チェック* **31**

## 1 *チェック* **31** can の文 / 主語と can / can の否定文

### 1 can の文

「~することができる」という意味を表すには，動詞の
原形の前に can を置いて，〈**can＋動詞の原形**〉で表す。

> can のように，動詞と
> いっしょに使われて，
> 意味を補う働きをする
> ものを「助動詞」ってい
> うんだって。

| ふつうの文 | I | | **play** tennis | . |

動詞の前 ⬎     ⬐ 動詞は原形

| can の 文 | I | **can** | **play** tennis | . | （私はテニスをすることができます。）

✓**注** can swim（泳げる），can write（書ける），can read（読める），can speak（話せる）の
ような日本語と英語の表現にも慣れておこう。

### 2 主語と can

can は主語が I のときだけでなく，you や they, we のときでも，また，he, she などの 3
人称・単数のときでも can の形で使い，〈**can＋動詞の原形**〉の形に変化はない。

❀ *I* **can** swim. （私は泳げます。）

❀ *He* **can** swim. （彼は泳げます。）
　　　　└── 主語が何であっても常に can

> 助動詞のあとは動詞の
> 原形だから，swim**s** と
> はならないのね。

### 3 can の否定文

「~（することが）できない」という，can の否定文を作るには，can の代わりに cannot か短
縮形の can't を使い，〈**cannot[can't]＋動詞の原形**〉の形にする。can と同じように，主語
による変化はない。can not と 2 語にすることもあるが，cannot, can't を使うのがふつう。

| 肯定文 | He | **can** | **speak** | English | . | （彼は英語を話せます。）

⬇    ⬆── 動詞は常に原形

| 否定文 | He | **cannot** | **speak** | English | . | （彼は英語を話せません。）
　　└── ＝ can't：主語による変化はない

❀ My brother **can't** _**write**_ his name.
　　　　　　〈can't[cannot]＋動詞の原形〉

（私の弟は自分の名前を書くことができません。）

㊶ **I can play tennis.** （私はテニスができます。）

I can
_____     _____

㊷ **He can't speak English.** （彼は英語を話せません。）

He can't
_____     _____

---

**▶▶▶ポイント確認ドリル** 解答は別冊 P.26

**1** 次の英文の下線部に適語を入れ，日本文に相当する英文を完成しなさい。

☐(1) 私は野球をすることができます。

I _____ play baseball.

☐(2) 彼は速く泳げます。

He can _____ fast.

☐(3) あなたはピアノを弾くことができません。

You _____ play the piano.

☐(4) 彼女は英語を話せません。

She _____ _____ English.

**2** （ ）内に日本語を補って，英文の意味を完成しなさい。

☐(1) I can speak English well, but I can't speak Chinese.

私は上手に英語を（                    ），中国語は（                    ）。

☐(2) I can speak English, and I can speak Chinese too.

私は英語を（                    ），また中国語（                    ）。

☐(3) I can't speak French. I can't speak Chinese either.

私はフランス語を（                    ）。私は中国語（                    ）。

---

このページの
単語・熟語

**tennis** [ténis]：テニス　**speak** [spíːk]：話す　**swim** [swím]：泳ぐ　**fast** [fæst]：速く
**well** [wél]：上手に　**Chinese** [tʃàiníːz]：中国語　**French** [fréntʃ]：フランス語
**either** [íːðər]：〜もまた(…ない)

**1** 下線部の誤りを正して，＿＿に書きなさい。 （3点×4）

(1) I can <u>singing</u> the new song. ＿＿＿＿＿＿

(2) Tom <u>cans</u> speak Japanese well. ＿＿＿＿＿＿

(3) Jane can <u>plays</u> the violin. ＿＿＿＿＿＿

(4) Keiko <u>cannots</u> come here today. ＿＿＿＿＿＿

**1** (1)・(3) can のあとは動詞の原形。
(2) can に s がつくことはない。
(4) can の否定文になるようにする。

**2** 正しい英文になるように，＿＿に適する語を右から1つずつ選び，必要に応じて形をかえて書きなさい。 （3点×4）

(1) I can't ＿＿＿＿＿＿ this new computer.

(2) I'm ＿＿＿＿＿＿ in the river now.

(3) I can't ＿＿＿＿＿＿ to school today.

(4) You can ＿＿＿＿＿＿ TV after dinner.

> walk
> watch
> use
> swim

**2** (1)・(3)・(4) can か can't の文。
それぞれの動詞の意味を考えて，文に合う動詞を選ぶことから始めよう。

**3** 次の英文の下線部に適語を入れ，日本文に相当する英文を完成しなさい。 （完答3点×2）

(1) 私の母はとても上手に料理ができます。

My mother ＿＿＿＿＿＿ ＿＿＿＿＿＿ very well.

(2) 私はこの漢字が読めません。

I ＿＿＿＿＿＿ ＿＿＿＿＿＿ this *kanji*.

**3** (1)「料理ができます」→「料理をすることができます」
「料理をする」＝ cook。
(2)「読めません」→「読むことができません」
「読む」＝ read。

**4** 意味の違いに注意して，日本文になおしなさい。 （3点×2）

(1) People speak English in this country.

( ＿＿＿＿＿＿＿＿＿＿＿＿＿＿＿＿＿＿ )

(2) I can speak English well only in my dreams.

( ＿＿＿＿＿＿＿＿＿＿＿＿＿＿＿＿＿＿ )

**4** (1)現在の事実をそのまま現在形で表した文。
(2) can は「〜することができる」という能力を表す。

---

このページの
単語・熟語

**sing** [síŋ]（スィング）：歌う　**song** [sɔ́ːŋ]（ソーング）：歌　**violin** [vàiəlín]（ヴァイオリン）：バイオリン　**river** [rívər]（リヴァ）：川
**after** [ǽftər]（アフタァ）：〜のあとで　**country** [kʌ́ntri]（カントゥリィ）：国　**only** [óunli]（オウンリィ）：〜だけ
**dream** [dríːm]（ドゥリーム）：夢

**5** 〔　〕内の指示にしたがって書きかえなさい。　　　（8点×4）

(1) We see stars at night. 〔「～できる」の意味の文に〕

_____

(2) My brother drives a car. 〔「～できる」の意味の文に〕

_____

(3) Helen plays the guitar well. 〔「～できない」の意味の文に〕

_____

(4) Tom rides a horse. 〔「～できない」の意味の文に〕

_____

**6** (1)・(2)は並べかえ，(3)・(4)は英文になおしなさい。（8点×4）

(1) ( can / in / he / write / English / letters / . )

_____

(2) ( you / play / can't / here / school / after / . )

_____

(3) 私の父は英語とフランス語が話せます。

_____

(4) ボブは日本語を話せますが，彼はそれを書けません。

_____

**5**(1) can は動詞の前にくる。see が動詞。
(2)主語は3人称・単数だが，can やそれに続く動詞に変化はあるのか。
(3) can の否定文は，can の代わりに can't か cannot を動詞の前に使う。
(4)否定文では can't [cannot]やそれに続く動詞に変化はあるのか。

**6**(1)「彼は英語で手紙を書くことができます」という文を作る。
(2)「あなたたちは放課後ここで遊ぶことはできません」という文を作る。here は after school の前にくる。
(3)「フランス語」＝ French。「話す」＝ speak。
(4)「ボブ」＝ Bob。「話す」＝ speak。「書く」＝ write。

解答は別冊 P.26・27

❖ さらに一歩！❖　　● can の否定文で禁止を表すことがあるそうですね？

そうです。「～できない」から発展して，「～してはいけない」の意味で使われることもあります。

You **can't talk** in the library. （図書館で話してはいけません。）

You **can't come** to my house today. （今日私の家に来てはいけません。）

see [síː]:見える，見る　star [stáːr]:星　at night:夜に　drive [dráiv]:運転する　ride [ráid]:乗る
horse [hɔ́ːrs]:馬　letter [létər]:手紙　in English:英語で　French [frénʃ]:フランス語

# can の文 ②

## 1 チェック32 can の疑問文 / Who[What] can ～? など

### 1 canの疑問文

「～(することが)できますか」という, can の疑問文を作るには, can を主語の前に出して, 〈Can＋主語＋動詞の原形 ～?〉の形にする。答えの文にも can を使って答える。

| ふつうの文 | **You** | **can** | *play* | the piano | **.** | (あなたはピアノを弾けます。) |

can を主語の前に出す

| 疑　問　文 | **Can** | **you** | *play* | the piano | **?** | (あなたはピアノを弾けますか。) |

―答え方―{ Yes, I **can**. (はい, 弾けます。)
No, I **can't[cannot]**. (いいえ, 弾けません。)

can の疑問文で, Can I ～? で「～してもいいですか」と許可を求めたり, Can you ～? で「～してくれませんか」と依頼する言い方にも用いられる。会話文に多く使われる。

- **Can I** sit here? (ここにすわってもいいですか。)
  —— Yes, you *can*. (ええ, いいですよ。)

- **Can you** help me this afternoon? (今日の午後手伝ってくれませんか。)
  —— Yes, of course. (ええ, もちろん。)

### 2 Who[What] can ～? など

can を who や what などの疑問詞のある文でも使うことができる。疑問詞が主語になる以外は, 疑問詞のあとの語順は疑問文の形にする。

- **Who can** read the word? (だれがその語を読めますか。) 〈疑問詞は主語〉
  —— *Junko* **can**. (純子です。)

- **What can** you make? (あなたは何が作れますか。) 〈疑問詞は目的語〉
  —— I **can** make *a cake*. (ケーキが作れます。)

- **Where can** we play baseball? (どこで野球ができますか。)〈疑問詞は副詞〉
  —— You **can** play baseball *in the park*. (公園でできます。)

- **When can** I see her? (私はいつ彼女に会えますか。) 〈疑問詞は副詞〉
  —— You **can** see her *tomorrow*. (明日彼女に会えます。)

㊸ **Can you play the piano?**　　　　　　　　　　（あなたはピアノを弾けますか。）

Can 　　　　　　　　　?　　　_____

㊹ **Who can read the word?**　　　　　　　　　（だれがその語を読めますか。）

Who can 　　　　　　　?　　　_____

## ▶▶▶ポイント確認ドリル

解答は別冊 P.27

**1** 次の文を疑問文に書きかえるとき，___に適する語を書きなさい。

☐(1) You can run fast.　　　　　_____ you run fast?

☐(2) He can use a computer.　　　Can _____ use a computer?

☐(3) Tom can speak Japanese.　　_____ Tom speak Japanese?

☐(4) She can swim.　　　　　　_____ _____ swim?

**2** 質問に対する正しい答えの文を１つずつ選び，記号で○でかこみなさい。

☐(1) Can you read this book?

ア　No, I don't.　　　イ　Yes, I can.　　　ウ　Yes, I am.

☐(2) Who can come here today?

ア　Yes, I can.　　　イ　I do.　　　ウ　I can.

**3** 次の語群を日本文に合うように並べかえて，全文を書きなさい。

☐(1) あなたは上手にサッカーができますか。　　( you / play / can ) soccer well?

_____

☐(2) あなたは何を料理することができますか。　　( can / you / what ) cook?

_____

---

このページの
単語・熟語

**read** [ríːd]：読む　**word** [wə́ːrd]：語，単語　**run** [rʌ́n]：走る　**fast** [fǽst]：速く
**use** [júːz]：使う　**today** [tədéi]：今日　**cook** [kúk]：料理する

# can の文 ②
## can の疑問文 / Who[What] can ～? など

月　　　日

点

---

**1** 次のような状況では，英語でどう言うか，適語を書きなさい。

（2点×2）

(1) 自分の宿題を手伝ってくれるように相手に依頼するとき。

Can _____ help me with my homework?

(2) 窓を開けていいかと相手に許可を求めるとき。

Can _____ open the windows?

**1**(1)「私の宿題を手伝ってくれませんか」の意味の文に。
(2)「（私が）窓を開けていいですか」の意味の文に。

---

**2** ____に適語を入れて，問答文を完成しなさい。 （完答4点×4）

(1) _____ you see a bird in this picture?

―― _____, I can. It's beautiful.

(2) _____ you play the piano or the flute?

―― I can _____ the flute.

(3) _____ can sing this English song?

―― My sister _____.

(4) _____ can you make for lunch?

―― I _____ make some sandwiches.

**2** まず疑問詞のある疑問文か，疑問詞のない疑問文かを考える。
疑問詞のある文では，答えの文の中にその疑問詞に相当する部分があるので，そこに注目して疑問詞を決定する。

---

**3** それぞれの問いに対する答えの文を下から1つずつ選び，記号で答えなさい。 （4点×4）

(1) Can you read this word? 〔　　〕

(2) Where can I see you tomorrow? 〔　　〕

(3) When can I see you? 〔　　〕

(4) Which song can you sing? 〔　　〕

ア　You can see me in the park. イ　I can sing this song.

ウ　You can see me tomorrow. エ　No, I can't.

**3** 答えの文の意味から質問の文を考えて見よう。
ア「公園で私に会えます」
イ「この歌が歌えます」
ウ「明日会えます」
エ「いいえ，できません」

---

このページの
単語・熟語

help ～ with ...：～の…を手伝う　homework [hóumwə̀ːrk]：宿題（ホウムワーク）　window [wíndou]：窓（ウィンドウ）
flute [flúːt]：フルート（フルート）　lunch [lʌ́ntʃ]：昼食（ランチ）　sandwich [sǽndwitʃ]：サンドイッチ（サンドウィッチ）
see [síː]：会う（スィー）

◀))　102

**4** 〔 〕内の指示にしたがって書きかえなさい。　　（8点×4）

(1) You play the piano well. 〔can を使った疑問文に〕

_____

(2) Tom rides a horse. 〔can を使った疑問文に〕

_____

(3) <u>Jane</u> can come to the party. 〔下線部をたずねる疑問文に〕

_____

(4) You can see <u>ten</u> boys there. 〔下線部をたずねる疑問文に〕

_____

**5** (1)・(2)は並べかえ，(3)・(4)は英文になおしなさい。（8点×4）

(1) ( bike / your / ride / a / can / sister / ? )

_____

(2) ( I / can / see / parents / when / your / ? )

_____

(3) あなたは歩いて学校へ行けますか。── はい，行けます。

_____

(4) 私たちはその奇妙な動物をどこで見ることができますか。

_____

**4** (1)疑問文は can を主語の前に出す。
(2) can の文の動詞に s はつかない。
(3)下線部は主語になっているので，「だれが」という意味の語を使う。
(4) ten は「10」という数を表している。数をたずねる疑問文にする。
☞チェック15

**5** (1)「あなたの妹〔お姉〕さんは自転車に乗れますか」という文を作る。
(2)「私はいつあなたの両親に会えますか」という文を作る。
(3)「～へ歩いて行く」＝ walk to ～。
(4)「奇妙な」＝ strange。「動物」＝ animal。

解答は別冊 P.27

❖ さらに一歩！ ❖　●疑問詞のある can の疑問文をもっと教えてくれませんか？

次のような疑問文にも使うことができますよ。

**What time** *can* you finish the work?　（何時にその仕事を終えることができますか。）

**How** *can* you cross the river?　（どうやったらその川を渡れますか。）

---

**ride** [ráid]：乗る　**horse** [hɔ́ːrs]：馬　**come to ～**：～へ来る　**party** [pɑ́ːrti]：パーティー
**there** [ðéər]：そこで，そこに　**parent** [péərənt]：親　**strange** [stréindʒ]：奇妙な，変な

# 1 チェック 33 日常会話でよく使う表現

場面別によく使われる会話表現を見てみよう。

### 1 あいさつなど

| Thank you (very much). | 「(どうも)ありがとう」 |
| You're welcome. | 「どういたしまして」 |
| Excuse me. | 「すみません / 失礼ですが」 |
| I'm sorry. | 「すみません / ごめんなさい」 |
| How are you? | 「ご機嫌いかがですか / お元気ですか」 |
| What's wrong? / What's the matter (with you)? | 「どうかしたのですか」 |
| I see. | 「わかりました / なるほど」 |
| That's too bad. | 「お気の毒に / それはいけませんね」 |
| Really? | 「本当ですか？ / 本当に？」 |
| That's right. / Right. | 「その通りです」 |

### 2 買い物など

| May[Can] I help you? | 「いらっしゃいませ」 （店員が客へかける言葉） |
| I'm looking for 〜. | 「〜を探しています」 |
| No, thank you. | 「いいえ，けっこうです」 |
| How about 〜? | 「〜はいかがですか」 |
| Here you are. | 「はい，どうぞ」 （品物を手渡すときの言葉） |
| How much 〜? | 「〜はいくらですか」 |
| How beautiful! [What a beautiful picture!] | 「なんて美しい(絵な)のでしょう」(感嘆する表現) |

### 3 電話・道案内

| Hello.　This is 〜 (speaking). | 「もしもし」「こちらは〜です」 |
| Speaking. | 「私です」 |
| You have the wrong number. | 「番号がまちがっていますよ」 |
| How can I get to 〜? | 「〜へはどうやって行ったらいいですか」 |

●最重要文の練習● 次の英文を＿＿＿＿に書きましょう。

㊺ **Thank you.** （ありがとう。）

Thank you. _____

㊻ **You're welcome.** （どういたしまして。）

You're welcome. _____

▶▶▶ポイント確認ドリル 解答は別冊 P.27

**1** 次のような場合，どの表現を使えばいいか，1つずつ選びなさい。

□(1) かかってきた電話に，「私ですよ」と今話していることを伝える場合 〔 　 〕

　　ア　Talking.　　　　　イ　Speaking.

　　ウ　No speaking.　　　エ　You're there.

□(2) 相手がかぜをひいていると知って，相手にひとことかける場合 〔 　 〕

　　ア　I'm fine.　　　　　イ　You're fine.

　　ウ　Here you are.　　　エ　That's too bad.

**2** 次のような場合，英語ではどう言えばよいか，＿＿＿に適する語を右から1つずつ
　　選んで書きなさい。

□(1) 悪いことをして，相手に謝る場合

　　I'm _____.

□(2) 相手に礼を言われて，「どういたしまして」と言う場合

　　You're _____.

□(3) 道をたずねたいときに，まず相手にひとこと言う場合

　　Excuse _____.

□(4) 相手のようすがおかしいので，どうしたのかとたずねる場合

　　What's the _____?

| welcome |
| matter |
| sorry |
| me |

このページの
単語・熟語

**thank** [θǽŋk]：感謝する　**welcome** [wélkəm]：歓迎される　**fine** [fáin]：元気な
**too** [tú:]：あまりに〜　**sorry** [sári]：気の毒で　**excuse** [ikskjú:z]：許す
**matter** [mǽtər]：困ったこと，問題

**1** 下線部の誤りを正して，＿＿に書きなさい。ただし，（ ）内
の状況を参考にすること。 （3点×4）

(1) You <u>are</u> the wrong number. ＿＿＿＿＿＿＿＿

（相手にまちがい電話であることを指摘するとき）

(2) Can I <u>get</u> you? ＿＿＿＿＿＿＿＿

（店員が入ってきた客にかける言葉）

(3) <u>What</u> are you? ＿＿＿＿＿＿＿＿

（相手のご機嫌うかがいをする場合）

(4) Here <u>are you</u>. ＿＿＿＿＿＿＿＿

（店員が客に品物を手渡す場合）

**2** ＿＿に適語を入れて，会話文を完成しなさい。 （完答6点×4）

(1) *A:* It's cold. Have some coffee.

*B:* No, ＿＿＿＿＿＿＿ you.

(2) *A:* How ＿＿＿＿＿＿＿ is this book?

*B:* It's 2,200 yen.

(3) *A:* Oh, hello, Ms. Yamamoto.

What can I do for you today?

*B:* I'm looking ＿＿＿＿＿＿＿ a new dress.

*A:* OK. How ＿＿＿＿＿＿＿ this red one?

*B:* Very nice! I'll take it.

*A:* ＿＿＿＿＿＿＿ you very much.

(4) *A:* How can I ＿＿＿＿＿＿＿ to the station?

*B:* It's just over there. You can see it from here.

You ＿＿＿＿＿＿＿ walk there.

**1** (1)be動詞ではなく，
一般動詞になる。
(2)「助ける，手伝う」
の意味の動詞が入る。
(3)「あなたはどのよ
うな感じですか」が
直訳になる。
(4)語順に注意。

**2** それぞれ次の意味に
する。
(1)「寒いですよ。コ
ーヒーをどうぞ」—
「いいえ，けっこう
です」
(2)「この本はいくら
ですか」—「2,200円
です」
(3)店員と客の会話。
「おや，山本さん。
今日はどんなものを
…?」—「新しいドレ
スを探しています」
—「わかりました。
この赤いのはいかが
でしょうか」—「すて
き。それを買います」
—「ありがとうござ
います」
(4)「駅へはどう行け
ばいいのですか」—
「すぐそこです。こ
こから見えますよ。
そこへは歩いて行け
ます」

このページの
単語・熟語

**wrong** [rɔ́ːŋ]：まちがった　**number** [nʌ́mbər]：番号　**cold** [kóuld]：寒い
**look for ～**：～を探す　**dress** [drés]：ドレス　**nice** [náis]：すてきな
**I'll take it.**：それを買います。　**station** [stéiʃən]：駅

106

**3** 次の語群を並べかえて，正しい英文にしなさい。 （8点×4）

(1) ( is / your / how / father / ? )

_____

(2) ( matter / you / the / with / what's / ? )

_____

(3) ( is / speaking / his / brother / this / . )

_____

(4) ( for / new / I'm / a / looking / T-shirt / . )

_____

**4** 次の日本文を英文になおしなさい。 （8点×4）

(1) この白いスカートはいかがですか。

_____

(2) あの新しいコンピュータは(値段が)いくらですか。

_____

(3) それはいけませんね〔それはお気の毒に〕。

_____

(4) どうもありがとうございます。

_____

**3** それぞれ次の意味の文を作る。
(1)「あなたのお父さんはお元気ですか」
(2)「どうしたのですか」
(3)「(電話で)彼の兄〔弟〕ですが」
(4)「私は新しいTシャツを探しています」

**4** (1)「白い」= white。「スカート」= skirt。
(2)「コンピュータ」= computer。値段を聞くのはどういう表現になるのか。
(3)この言い方ではふつう That's[It's] と短縮形が使われる。
(4)「ありがとう」を強めた言い方になる。

解答は別冊 P.28

---

❖ さらに一歩！❖　●ほかにも役に立ちそうな会話表現はありますか？

次のようなものを覚えておくと便利です。

I'll take it. （それを買います。）

Who's calling? （〔電話で〕どちらさまですか。）

Have a good time. （楽しくお過ごしください。）

Here's your change. （おつりです。）

Hold on. （〔電話で〕そのままお待ちください。）

---

**new** [n(j)úː]：新しい　**T-shirt** [tíːʃàːrt]：Ｔシャツ　**white** [hwáit]：白い　**skirt** [skə́ːrt]：スカート
**computer** [kəmpjúːtər]：コンピュータ　**bad** [bǽd]：悪い，ひどい

🔊 107

107

# 過去の文［一般動詞］①

チェック**34**

## 1 チェック**34** 一般動詞の過去 ── 規則動詞と不規則動詞 ──

### 1 規則動詞

英語では「～した」というような過去のことを言うには，動詞を過去形にする。一般動詞の場合は，動詞の原形に，**ed**か**d**をつけると**過去形**になる。このように，ed, dをつけて過去形にする動詞を**規則動詞**という。一般動詞の過去形は主語による形の変化はない。

| 現在形 | I **play** tennis *every day* . （私は毎日テニスをします。） |

原形に ed をつける　　　　　　　　副詞(句)の変化にも注意

| 過去形 | I **play*ed*** tennis *yesterday* . （私は昨日テニスをしました。） |

規則動詞の過去形

\* -ed の作り方は，次の4通りに分類される。

| ①原形に ed をつける | look（見る）— look**ed** <br> visit（訪ねる）— visit**ed** |
|---|---|
| ②語尾が e のときは d だけをつける | live（住む）— live**d** <br> use（使う）— use**d** |
| ③〈子音字＋y〉は y を i にして ed | study（勉強する） — stud**ied** <br> carry（運ぶ）— carr**ied** |
| ④〈短母音＋子音字〉は子音字を重ねる | stop（とめる）— stop**ped** <br> drop（落とす）— drop**ped** |

\* -ed の発音

①[t]：[k, p, s, f, ʃ, tʃ] の音のあと → look**ed** [lúkt], stop**ped** [stápt]

②[id]：[t] [d] の音のあと → visit**ed** [vízitid] start**ed** [stáːrtid]

③[d]：上記以外のすべて → lived [lívd] played [pléid]

### 2 不規則動詞

過去形が -ed の形ではなく，go（行く）— went（行った），come（来る）— came（来た）のように不規則に変化する動詞を**不規則動詞**という。put（置く・置いた）のように同じ形のものもある。

We **went** to the park yesterday. （私たちは昨日公園へ行きました。）

go, come の過去形：不規則に変化する

Tom **came** to Japan last month. （トムは先月日本に来ました。）

\*本書111ページに過去を表す副詞(句)がまとめてある。よく使われるものばかりなので，よく見ておこう。

㊼ **I played tennis yesterday.**　　　　　　　（私は昨日テニスをしました。）

I played
_____　　_____

㊽ **We went to the park.**　　　　　　　　（私たちは公園へ行きました。）

We went
_____　　_____

## ▶▶▶ポイント確認ドリル

解答は別冊 P.28

**1** 表も参考にしながら，次の動詞の過去形を書きなさい。

| おもな不規則動詞 | go (行く)—went　　take (取る)—took　　come (来る)—came<br>see (見える)—saw　　hear (聞こえる)—heard [hə́ːrd]　　put (置く)—put<br>say (言う)—said [séd]　　read (読む)—read [réd]　　get (得る)—got<br>write (書く)—wrote　　have (持つ)—had　　eat (食べる)—ate<br>make (作る)—made　　do (する)—did　　know (知っている)—knew |
|---|---|

☐(1)　play　＿＿＿＿＿＿　　☐(2)　help　＿＿＿＿＿＿

☐(3)　write　＿＿＿＿＿＿　　☐(4)　use　＿＿＿＿＿＿

☐(5)　stop　＿＿＿＿＿＿　　☐(6)　study　＿＿＿＿＿＿

☐(7)　carry　＿＿＿＿＿＿　　☐(8)　get　＿＿＿＿＿＿

☐(9)　take　＿＿＿＿＿＿　　☐(10)　put　＿＿＿＿＿＿

**2** 次の各文の（　）内から適する語を選んで，＿＿＿に書きなさい。

☐(1)　I ( wash, washed ) the car yesterday.　　　　　　　＿＿＿＿＿＿

☐(2)　I like dogs, and she ( likes, liked ) dogs too.　　　＿＿＿＿＿＿

☐(3)　He ( makes, made ) dinner last night.　　　　　　　＿＿＿＿＿＿

☐(4)　She watched the game ( now, yesterday ).　　　　　＿＿＿＿＿＿

☐(5)　Tom ( comes, came ) to Japan last month.　　　　　＿＿＿＿＿＿

このページの
単語・熟語　**yesterday** [jéstərdei]：昨日　**park** [páːrk]：公園　**wash** [wáʃ]：洗う　**last night**：昨夜, 夕べ
　　　　　　**game** [géim]：試合　**month** [mʌ́nθ]：月　**last month**：先月

109

# 過去の文［一般動詞］①
## 一般動詞の過去 ― 規則動詞と不規則動詞 ―

**1** 下線部の誤りを正して，＿＿に書きなさい。　（2点×4）

(1) I <u>study</u> English hard yesterday.　＿＿＿＿＿＿

(2) I <u>droped</u> the vase last week.　＿＿＿＿＿＿

(3) Tom <u>comes</u> to my house last night.　＿＿＿＿＿＿

(4) We <u>live</u> in London last year.　＿＿＿＿＿＿

**1** (1)語尾が〈子音字＋y〉。
(2)語尾が〈短母音＋子音字〉。
(3)不規則動詞。
(4)語尾が e。

**2** 各組の語の下線部の発音が同じなら○，異なれば×を書きなさい。　（2点×4）

(1) 〔　　〕 { wash<u>ed</u> / watch<u>ed</u> }

(2) 〔　　〕 { want<u>ed</u> / play<u>ed</u> }

(3) 〔　　〕 { visit<u>ed</u> / need<u>ed</u> }

(4) 〔　　〕 { start<u>ed</u> / look<u>ed</u> }

**2** (1)[ʃ]（シュ）と[tʃ]（チ）の音で終わる語のあとの ed の発音。
(2)上の[t]（ト）で終わる語の ed の発音は[id]になる。
(3)下の[d]（ド）で終わる語の ed の発音も[id]。
(4)下の[k]（ク）で終わる語の ed の発音は[t]。

**3** 次の英文を日本文になおしなさい。　（4点×2）

(1) I closed the windows at eleven yesterday.

（　　　　　　　　　　　　　　　　　　　）

(2) Mr. Hayashi wrote this book ten years ago.

（　　　　　　　　　　　　　　　　　　　）

**3** (1) closed は close の過去形。
(2) wrote は write の過去形。

**4** （　）内の語を適切な形にかえて，＿＿に書きなさい。（2点×6）

(1) I (go) to the park yesterday.　＿＿＿＿＿＿

(2) I (see) your father last night.　＿＿＿＿＿＿

(3) I (study) math hard last week.　＿＿＿＿＿＿

(4) She (come) to my house five days ago.　＿＿＿＿＿＿

(5) I (read) the story last year.　＿＿＿＿＿＿

(6) I (do) my homework last Sunday.　＿＿＿＿＿＿

**4** いずれも過去を表す語句があることに注意する。
(1)yesterday「昨日」
(2)last night「昨夜」
(3)last week「先週」
(4)five days ago「5日前」
(5)last year「昨年」
(6)last Sunday「この前の日曜日」

---

**このページの単語・熟語**

**vase** [véis]（ヴェイス）：花びん　**London** [lʌ́ndən]（ランドン）：ロンドン　**want** [wɑ́nt]（ワント）：ほしい　**need** [níːd]（ニード）：必要とする　**start** [stɑ́ːrt]（スタート）：始まる，始める　**close** [klóuz]（クロウズ）：閉める　**last 〜**：この前の〜

**5** 〔 〕内の指示にしたがって書きかえなさい。　（8点×4）

(1)　I get up early <u>every day</u>.　〔下線部を yesterday にかえて〕

_____

(2)　He eats bread for lunch.　〔文末に last Monday を加えて〕

_____

(3)　He has a big house.　〔文末に ten years ago を加えて〕

_____

(4)　He read the interesting book.　〔現在形の文に〕

_____

_____

**6** (1)・(2)は並べかえ，(3)・(4)は英文になおしなさい。（8点×4）

(1)　( Ken / to / zoo / went / the / yesterday / . )

_____

(2)　( took / pictures / I / Nara / some / in / . )

_____

(3)　私のおじは10年前長崎に住んでいました。

_____

(4)　私の妹は昨日11時に寝ました。

_____

5(1)下線部の語句を yesterday にするということは，過去の文にするということ。get は不規則動詞。
(2)last Monday「この前の月曜日」。eat は不規則動詞。
(3)has も不規則動詞。
(4)もとの文の read は [réd] と発音する過去形の動詞である。

6(1)「健は昨日動物園へ行きました」という文を作る。go の過去形が went である。
(2)「私は奈良で何枚か写真を撮りました」という文を作る。take の過去形が took。
(3)「おじ」＝ uncle。「〜年前」＝〜 years ago。
(4)「寝る」＝ go to bed。

解答は別冊 P.28・29

---

**❖ さらに一歩！❖**　●過去形に使われる過去を表す語句をまとめてくれませんか？

次のようなものを覚えておくと便利です。

・yesterday（昨日）　　・〜 days[weeks, months, years] ago（〜日〔週，月，年〕前に）

・last week[month, year]（先週〔先月，昨年〕）　　・last night（昨夜）

---

**get up**：起きる　**early** [ə́ːrli アーリィ]：早く　**eat** [íːt イート]：食べる　**bread** [bréd ブレッド]：パン　**for lunch**：昼食に
**big** [bíg ビッグ]：大きい　**house** [háus ハウス]：家　**zoo** [zúː ズー]：動物園　**take a picture**：写真を撮る

# セクション 14-2 過去の文［一般動詞］②

チェック **35・36**

## 1 チェック35 一般動詞の過去の否定文

主語や規則動詞・不規則動詞に関係なく，〈**did not[didn't]＋動詞の原形**〉で表す。

| 肯定文 | He | *went* | to school | . | （彼は学校へ行きました。） |

動詞は原形にもどす

| 否定文 | He | **did not** | *go* | to school | . | （彼は学校へ行きませんでした。） |

= didn't：動詞の前に置く

- He **did not** *play* tennis yesterday. （彼は昨日テニスをしませんでした。）
- He *wrote* a letter to me, but I **didn't** *read* it.

  （彼は私に手紙を書いてよこしましたが，私はそれを読みませんでした。）

## 2 チェック36 一般動詞の過去の疑問文

主語や規則動詞・不規則動詞に関係なく，〈**Did ＋主語＋動詞の原形 〜?**〉の形になる。
答えの文にも did を使う。

| 肯定文 | He | *played* | tennis | yesterday | . |

動詞は原形にもどす　　　　　（彼は昨日テニスをしました。）

| 疑問文 | **Did** | he | *play* | tennis | yesterday | ? |

主語の前に Did　　　　　　　（彼は昨日テニスをしましたか。）

答え方 — {
Yes, he **did** . （はい，しました。）
No, he **didn't[did not]** . （いいえ，しませんでした。）
}

who や what などの疑問詞で始まる疑問文にも過去の文を使うことができる。

- *Who* **went** to the park? （だれが公園に行ったのですか。）

  —— *Kate* **did**. （ケートが行きました。）

- *What* **did** you **see** last night? （あなたは昨夜何を見たのですか。）

  —— I **saw** *a strange animal*. （私は奇妙な動物を見ました。）

- *Where* **did** you **get** the book? （あなたはどこでその本を入手しましたか。）

  —— I **got** it *in London*. （ロンドンで入手しました。）

㊾ **He didn't read the letter.**　　　　　　　　　（彼はその手紙を読みませんでした。）

He didn't read

＿＿＿＿＿＿＿＿＿＿＿＿＿　　＿＿＿＿＿＿＿＿＿＿＿＿＿＿＿＿＿

㊿ **Did he play tennis?**　　　　　　　　　　　（彼はテニスをしましたか。）

Did he play　　　　　？

＿＿＿＿＿＿＿＿＿＿＿＿＿　　＿＿＿＿＿＿＿＿＿＿＿＿＿＿＿＿＿

---

### ▶▶▶ポイント確認ドリル　　　　　　　　　　　解答は別冊 P.29

**1** 各文を(1)・(2)は否定文に，(3)・(4)は疑問文に書きかえるとき，＿＿＿に適する語を書きなさい。

☐(1)　I played baseball.　　　　　　　I ＿＿＿＿＿＿ not play baseball.

☐(2)　I washed the car.　　　　　　　I ＿＿＿＿＿＿ wash the car.

☐(3)　He helped his mother.　　　　　＿＿＿＿＿＿ he help his mother?

☐(4)　She studied English.　　　　　Did she ＿＿＿＿＿＿ English?

**2** ＿＿＿に適切な語を入れて，問答文を完成しなさい。

☐(1)　Did you go to the party? —— Yes, I ＿＿＿＿＿＿.

☐(2)　Did you read the book? —— No, I ＿＿＿＿＿＿.

☐(3)　＿＿＿＿＿＿ opened the box? —— I did.

**3** 次の語群を日本文に合うように並べかえて，全文を書きなさい。

☐(1)　彼はそのリンゴを食べませんでした。　( didn't / eat / he ) the apple.

＿＿＿＿＿＿＿＿＿＿＿＿＿＿＿＿＿＿＿＿＿＿＿＿＿＿＿＿＿＿＿＿

☐(2)　あなたは東京に住んでいましたか。　( you / live / did ) in Tokyo?

＿＿＿＿＿＿＿＿＿＿＿＿＿＿＿＿＿＿＿＿＿＿＿＿＿＿＿＿＿＿＿＿

---

このページの
単語・熟語

**read** [ríːd]：読む　**letter** [létər]：手紙　**wash** [wáʃ]：洗う　**car** [káːr]：車，乗用車
**party** [páːrti]：パーティー　**open** [óupən]：開ける　**box** [báks]：箱
**live in ～**：～に住んでいる

# 過去の文［一般動詞］②
## 一般動詞の過去の否定文 // 一般動詞の過去の疑問文

**1** 下線部の誤りを正して，＿＿に書きなさい。　（3点×4）

(1) I don't like fish last year.　＿＿＿＿＿＿

(2) He doesn't write the letter yesterday.　＿＿＿＿＿＿

(3) She didn't came to my house.　＿＿＿＿＿＿

(4) I didn't did my homework yesterday.　＿＿＿＿＿＿

**1** (1) last year に注目。
(2) yesterday に注目。
(3)・(4) didn't のあとにくる動詞の形を考える。

**2** ＿＿に適語を入れて，問答文を完成しなさい。　（完答3点×4）

(1) ＿＿＿＿＿ you take this picture?

　―― ＿＿＿＿＿, I didn't.

(2) Did you get up early this morning?

　―― Yes, I ＿＿＿＿＿.

　　I ＿＿＿＿＿ up at five today.

(3) ＿＿＿＿＿ did you study today?

　―― I ＿＿＿＿＿ English and science today.

(4) ＿＿＿＿＿ cake did Tom eat?

　―― He ＿＿＿＿＿ the big one.

**2** (1) 答えの文の didn't に注目する。
(2) Yes の答えである。最後の空所には get の過去形が入る。
(3) 目的語にあたるものを「何」という語で表す。
(4)「どちらの」という語が入る。

**3** それぞれの問いに対する答えの文を下から1つずつ選び，記号で答えなさい。　（3点×4）

(1) When did you play baseball?　〔　　〕

(2) Did you play baseball yesterday?　〔　　〕

(3) Where did you play baseball?　〔　　〕

(4) How many boys played baseball?　〔　　〕

　ア　Yes, we did.　　　　イ　About twenty boys did.

　ウ　We played it in the park.　エ　We played it yesterday.

**3** 疑問詞があればその疑問詞が何をたずねているかに注目する。
※ **重要** ※
(4) **How many ～**は数をたずねるのに用いられるが，目的語としてだけでなく，この文のように主語としても使われる。答えるときは，数を表す語を主語にして，**Who**の場合と同じようにする。

---

このページの単語・熟語

**fish** [fíʃ]：魚　**last year**：昨年　**this morning**：今朝　**science** [sáiəns]：理科，科学
**cake** [kéik]：ケーキ　**eat** [íːt]：食べる　**big** [bíg]：大きい

**4** 〔 〕内の指示にしたがって書きかえなさい。　　（8点×4）

(1) She wrote the long letter. 〔否定文に〕

_____

(2) I had some friends in America. 〔否定文に〕

_____

(3) The boy made the doghouse. 〔疑問文に〕

_____

(4) <u>Tom</u> went to Korea last year.〔下線部をたずねる疑問文に〕

_____

**5** (1)・(2)は並べかえ，(3)・(4)は英文になおしなさい。（8点×4）

(1) ( last / he / watch / didn't / TV / night / . )

_____

(2) ( park / what / you / the / did / in / see / ? )

_____

(3) ジェーンは今朝お母さんの手伝いをしませんでした。

_____

(4) あなたはその映画を見ましたか。—— はい，見ました。

_____

**4**(1) wrote は，不規則動詞 write の過去形。
(2) had は have の過去形。肯定文の some は，否定文にしたときこのままでよいのか。
☞ **チェック15**
(3)made は make の過去形。
(4)下線部は主語にあたるので，「だれが」の意味の語を文頭に置いて疑問文を作る。

**5**(1)「彼は昨夜テレビを見ませんでした」という文を作る。
(2)「あなたは公園で何を見ましたか」という文を作る。
(3)「ジェーン」＝Jane。「今朝」＝this morning。「手伝う」＝help。
(4)「映画」＝movie.。「見る」＝see。

解答は別冊 P.29・30

❖ **さらに一歩！** ❖　●過去の文に使われる副詞(句)は 111 ページのほかにもありますか？

あります。then(そのとき)，at that time(そのころ，その当時)，in those days(その当時は)，the other day (先日)などがあります。

　I didn't have much money *at that time*.　（その当時私はあまりお金がありませんでした。）

**long** [lɔ́ːŋ]：長い　**letter** [létər]：手紙　**doghouse** [dɔ́(ː)ghàus]：犬小屋　**Korea** [kəríːə]：韓国

**watch TV**：テレビを見る　**see** [síː]：見る，見える　**movie** [múːvi]：映画

# 過去の文［be 動詞］

チェック **37**

## 1 チェック**37** be 動詞の過去の文 / 否定文と疑問文

### 1 be 動詞の過去形

「〜だ」「〜がある，いる」の意味を表す be 動詞には is, am, are があるが，「〜だった」「〜があった，いた」の意味の過去形にするには，is, am は was に，are は were にする。be 動詞の過去形はこの 2 つだけである。

> is, am → **was**
> are → **were**

> **現在形**　I **am** busy now.　　　（私は今忙しい。）
> 　　　　　　　↓ am の過去形は was　┌ now → yesterday の変化にも注意
> **過去形**　I **was** busy <u>yesterday</u>.　（私は昨日忙しかった。）

❀ We **were** in Kyoto last week.　（私たちは先週京都にいました。）

### 2 否定文と疑問文

**be 動詞過去の否定文**…現在形と同じように，be 動詞 was, were のあとに not を入れる。

> **肯定文**　I **was**　　　　busy yesterday.　（私は昨日忙しかった。）
> 　　　　　　　↓ was, were のあとに not → was not = wasn't / were not = weren't
> **否定文**　I **was** **not** busy yesterday.　（私は昨日忙しくありませんでした。）

**be 動詞過去の疑問文**…現在形と同じように，be 動詞を主語の前に出す。答えの文にも was, were を使う。

> **肯定文**　**She** **was** busy yesterday.　（彼女は昨日忙しかった。）
> 　　　　　　　↓ be 動詞を主語の前に
> **疑問文**　**Was** **she** busy yesterday?　（彼女は昨日忙しかったですか。）
>
> ─答え方─ { Yes, she **was**.　（はい，忙しかったです。）
> 　　　　　　{ No, she **was not[wasn't]**.　（いいえ，忙しくありませんでした。）

次のように，疑問詞で始まる疑問文にも使うことができる。

❀ ***Where* were** you this morning?　（あなたは今朝どこにいましたか。）
　　── I **was** *in the park*.　（私は公園にいました。）

❀ ***How* was** the weather in Tokyo yesterday?　（昨日の東京の天気はどうでしたか。）
　　── It **was** *very hot*.　（とても暑かったです。）

❀ ***Who* was** in the classroom then?　（そのとき教室にだれがいましたか。）
　　── ***Ken and I* were**.　（健と私がいました。）

●最重要文の練習● 次の英文を______に書きましょう。

51 **I was busy yesterday.** （私は昨日忙しかった。）

I was

______ ______

52 **Was she busy yesterday?** （彼女は昨日忙しかったですか。）

Was she

______ ______

## ▶▶▶ポイント確認ドリル

解答は別冊 P.30

### 1 各文の( )内から適する語を選んで，____に書きなさい。

□(1) I ( am, was ) at home yesterday. ______

□(2) They ( are, were ) all students last year. ______

□(3) I'm busy, and Ken ( is, was ) also busy now. ______

□(4) My sister ( was, were ) in her room last night. ______

□(5) Mr. and Mrs. Yamada ( are, were ) 50 years old now. ______

### 2 各文を(1)・(2)は否定文に，(3)・(4)は疑問文に書きかえるとき，____に適する語を書きなさい。

□(1) We were English teachers. We were ______ English teachers.

□(2) Tom was a soccer fan. Tom ______ a soccer fan.

□(3) You were in Tokyo yesterday. ______ you in Tokyo yesterday?

□(4) Emi was a little girl then. ______ Emi a little girl then?

### 3 次の語群を日本文に合うように並べかえて，全文を書きなさい。

□(1) 私は昨日体育館にいました。 ( in / I / the / was / gym ) yesterday.

______

□(2) あなたは昨日の午後ひまでしたか。 ( you / yesterday / free / were ) afternoon?

______

**このページの単語・熟語**

**busy** [bízi]（ビズィ）：忙しい **at home**：家で **all** [ɔ́ːl]（オール）：すべて **last year**：昨年
**also** [ɔ́ːlsou]（オールソウ）：～も（また） **last night**：昨夜 **teacher** [tíːtʃər]（ティーチャァ）：教師，先生
**then** [ðén]（ゼン）：そのとき **gym** [dʒím]（ヂム）：体育館

117

# 過去の文[be 動詞]
## be 動詞の過去の文 / 否定文と疑問文

月　　　日

点

---

**1** 下線部の誤りを正して，＿＿に書きなさい。　　（2点×5）

(1) Ken and Tom <u>was</u> busy yesterday. ＿＿＿＿＿＿

(2) I <u>not was</u> a good player. ＿＿＿＿＿＿

(3) She <u>weren't</u> in her room then. ＿＿＿＿＿＿

(4) You <u>wasn't</u> so tall then. ＿＿＿＿＿＿

(5) Some people <u>was</u> in the park then. ＿＿＿＿＿＿

**1** (1)主語は複数になる。
(2) not と was の順序はこれでいいのか。
(3)〜(5)主語に合う be 動詞が使われているか。
(5) people は複数扱いにする。

---

**2** ＿＿に適語を入れて，問答文を完成しなさい。　（完答4点×4）

(1) Were you in Akita or in Aomori last week?

—— I ＿＿＿＿＿＿ ＿＿＿＿＿＿ Akita.

(2) ＿＿＿＿＿＿ the boy kind to you yesterday?

—— Yes, he ＿＿＿＿＿＿.

(3) ＿＿＿＿＿＿ were they in London?

—— They were there in April.

(4) ＿＿＿＿＿＿ was in the box then?

—— A big apple was in it.

**2** (1)答えの文の主語は I になっている。
(2) yesterday があるので過去の文になる。
(3) in April は「時」を表している。
(4) A big apple が答えの中心になる。

---

**3** それぞれの問いに対する答えの文を下から1つずつ選び，記号で答えなさい。　　（2点×4）

(1) How was the weather in Fukuoka this morning? 〔　　〕

(2) Where were your parents then? 〔　　〕

(3) Was the cake good or bad? 〔　　〕

(4) Who was in the classroom with you then? 〔　　〕

　ア　It was very good. 　　イ　It was warm and sunny.

　ウ　They were in Tokyo. 　エ　Aya was.

**3** (1)「今朝の福岡の天気はどうでしたか」
(2)「そのときあなたのご両親はどこにいましたか」
(3)「そのケーキはおいしかったですか，まずかったですか」
(4)「そのとき教室にあなたといたのはだれでしたか」

---

このページの
単語・熟語

**player** [pléiər]：選手　**room** [rú:m]：部屋　**so** [sóu]：そんなに，それほど
**weather** [wéðər]：天気　**cake** [kéik]：ケーキ　**bad** [bǽd]：まずい，悪い
**warm** [wɔ́:rm]：暖かい　**sunny** [sʌ́ni]：晴れた

🔊 118

**4** 〔　〕内の指示にしたがって書きかえなさい。　　　　　（8点×4）

(1)　Kate is in Osaka <u>now</u>.　〔下線部を last week にかえて〕

_____

(2)　They are in the gym.　〔文末に yesterday を加え否定文に〕

_____

(3)　You and Tom were in the same class last year.　〔疑問文に〕

_____

(4)　Jane was <u>in the garden</u> an hour ago.〔下線部をたずねる疑問文に〕

_____

**5** 次の語群を並べかえて，正しい英文にしなさい。　　（7点×2）

(1)　( story / or / the / long / was ) short?

_____ short?

(2)　( tree / so / five / tall / the / not / was / years ) ago.

_____ ago.

**6** 次の日本文を英文になおしなさい。　　　　　　　（10点×2）

(1)　あなたは今朝図書館にいましたか。── はい，いました。

_____

(2)　彼は昨年サッカー選手ではありませんでした。

_____

解答は別冊 P.30・31

**4**(1)・(2)それぞれの be 動詞の過去形をまちがえないように。be 動詞の否定文は be 動詞のあとに not を入れる。
(3)be 動詞を主語の前に出す。
(4)下線部は場所を表しているので，疑問詞には「どこに」の意味を表すものを使う。

**5**(1)「その物語は長かったですか，それとも短かったですか」
(2)「5年前その木はそんなに高くありませんでした」

**6**(1)「今朝」= this morning。「図書館」= library。
(2)「昨年」= last year。「サッカー選手」= soccer player。

❖ さらに一歩！❖　　●疑問詞が主語になる場合の be 動詞について整理してほしいのですが？

How many のあとには名詞の複数形が続きますからいつも were を使います。What や Who が主語のときは was を使います。答えの文の主語が複数でもふつう What, Who は単数として扱います。

**same** [séim] セイム：同じ　**last year**：昨年　**garden** [gáːrdn] ガードゥン：庭，庭園　**hour** [áuər] アウア：1 時間
**ago** [əgóu] アゴゥ：～前に　**long** [lɔ́ːŋ] ローング：長い　**short** [ʃɔ́ːrt] ショート：短い　**tree** [tríː] トゥリー：木

# 1 チェック**38** 過去進行形の文 / 否定文と疑問文

## 1 過去進行形の文

ある動作について，現在の時点で進行中であることを表すには〈is[am, are]＋～ing〉の形の現在進行形を使うが，ある動作が過去の時点で進行中であったことを表して「～していた，～しているところだった」の意味を表すには，be 動詞を過去形にして〈**was[were]**＋～**ing**〉の形にして表す。この形を**過去進行形**という。

| 現在進行形 | I **am** **reading** a book now. （私は今本を読んでいます。）|

↓ be 動詞を過去形にする：be 動詞は主語に合わせる

| 過去進行形 | I **was** **reading** a book then. （私はそのとき本を読んでいました。）|

## 2 過去進行形の否定文

これまでの be 動詞のある文と同じように，be 動詞のあとに not を入れる。〈**was[were]** ＋ **not** ＋～**ing**〉の形になる。

| 肯定文 | I **was** **watching** TV. （私はテレビを見ていました。）|

↓ was, were のあとに not → was not ＝ wasn't / were not ＝ weren't

| 否定文 | I **was** **not** **watching** TV. （私はテレビを見ていませんでした。）|

## 3 過去進行形の疑問文

現在進行形と同じように，be 動詞を主語の前に出して，〈**Was[Were]**＋主語＋～**ing** ...?〉の形になる。答えの文にも was, were を使う。

| 肯定文 | She **was** **watching** TV. （彼女はテレビを見ていました。）|

↓ be 動詞を主語の前に

| 疑問文 | **Was** she **watching** TV? （彼女はテレビを見ていましたか。）|

—答え方—
{ Yes, she **was**. （はい，見ていました。）
{ No, she **was not[wasn't]**. （いいえ，見ていませんでした。）

次のように，疑問詞で始まる疑問文にも使うことができる。

❀ **What** were you **doing**? （あなたは何をしていたのですか。）

—— I was *playing soccer*. （私はサッカーをしていました。）

❀ **Who** was **singing** in the kitchen? （そのとき台所でだれが歌っていたのですか。）

—— *My mother* was. （私の母が歌っていました。）

㊼ **I was watching TV.** （私はテレビを見ていました。）

I was watching ＿＿＿＿＿＿＿＿＿＿＿＿＿＿＿＿＿＿＿

㊼ **Was she watching TV?** （彼女はテレビを見ていましたか。）

Was she watching ＿＿＿＿＿＿＿＿＿＿＿＿＿＿＿＿＿＿

## ▶▶▶ポイント確認ドリル　　　　　　　　　　　解答は別冊 P.31

**1** 各文の（ ）内から適する語を選んで，＿＿に書きなさい。

☐(1) I was ( looked, looking ) at the picture. ＿＿＿＿＿＿＿

☐(2) He was ( watched, watching ) baseball on TV. ＿＿＿＿＿＿＿

☐(3) They ( was, were ) walking in the park. ＿＿＿＿＿＿＿

☐(4) Some people ( was, were ) standing near the station. ＿＿＿＿＿＿＿

☐(5) We ( are, were ) washing the dishes in the kitchen then. ＿＿＿＿＿＿＿

**2** 各文を(1)・(2)は否定文に，(3)・(4)は疑問文に書きかえるとき，＿＿に適する語を書きなさい。

☐(1) We were studying English. We were ＿＿＿＿＿＿ studying English.

☐(2) I was making a doll. I ＿＿＿＿＿＿ making a doll.

☐(3) You were swimming in the sea. ＿＿＿＿＿＿ you swimming in the sea?

☐(4) Allen was playing in the yard. Was Allen ＿＿＿＿＿＿ in the yard?

**3** 次の語群を日本文に合うように並べかえて，全文を書きなさい。

☐(1) 私はこの本を読んでいませんでした。 I ( not / book / was / this / reading ).

＿＿＿＿＿＿＿＿＿＿＿＿＿＿＿＿＿＿＿＿＿＿＿＿＿＿＿＿＿

☐(2) あなたは図書館で勉強していたのですか。( in / you / were / the / studying ) library?

＿＿＿＿＿＿＿＿＿＿＿＿＿＿＿＿＿＿＿＿＿＿＿＿＿＿＿＿＿

---

このページの
単語・熟語

**look at ～**：～を見る　**stand** [stǽnd]：立つ　**dish** [díʃ]：皿　**kitchen** [kítʃən]：台所
**sea** [síː]：海　**yard** [jάːrd]：中庭　**library** [láibrəri]：図書館，図書室

# 過去進行形の文
## 過去進行形の文 / 否定文と疑問文

月　　日

点

---

**1** 下線部の誤りを正して，____に書きなさい。　（2点×5）

(1) I was <u>listened</u> to music then.　_____

(2) He <u>isn't</u> playing the piano at that time.　_____

(3) The two boys <u>was</u> swimming then.　_____

(4) She wasn't <u>help</u> her mother.　_____

(5) We were <u>did</u> our homework then.　_____

**2** ____に適語を入れて，問答文を完成しなさい。　（完答4点×4）

(1) _____ you reading this book?

　　―― Yes, I was.

(2) Was your sister making a cake then?

　　―― No, _____ _____ .

(3) _____ were you studying then?

　　―― I _____ studying English.

(4) _____ was swimming in the pool?

　　―― Nana and Akemi _____ .

**3** それぞれの問いに対する答えの文を下から1つずつ選び，記号で答えなさい。　（2点×4）

(1) Was your father using this computer?　〔　　〕

(2) Who was using this computer?　〔　　〕

(3) Which computer was your father using?　〔　　〕

(4) Where was your father using the computer?　〔　　〕

　　ア　My father was.　　イ　He was using it in his room.

　　ウ　Yes, he was.　　エ　He was using this red one.

---

**1** (1) was があるので過去進行形に。
(2) at that time の意味を考える。
(3) 主語は複数になる。
(4)・(5)過去進行形の否定文と肯定文の基本形を考える。

**2** (1)質問の文の主語は you。
(2)答えの文には短縮形を使う。
(3)・(4)質問の文には疑問詞が入る。答えの文に合うものを考える。

**3** (1)「あなたのお父さんはこのコンピュータを使っていたのですか」
(2)「だれがこのコンピュータを使っていましたか」
(3)「あなたのお父さんはどのコンピュータを使っていましたか」
(4)「あなたのお父さんはどこでコンピュータを使っていましたか」

---

**このページの単語・熟語**　**listen to ～**：～を聞く　**at that time**：そのとき　**do one's homework**：宿題をする
**pool** [púːl]：プール　**computer** [kəmpjúːtər]：コンピュータ

🔊 122

**4** 〔　〕内の指示にしたがって書きかえなさい。　　　　（8点×4）

(1) I looked for my key. 〔過去進行形の文に〕

_____

(2) He was sleeping in his room. 〔否定文に〕

_____

(3) They were having lunch together. 〔疑問文に〕

_____

(4) Helen was reading a letter then. 〔下線部をたずねる疑問文に〕

_____

_____

**5** 次の語群を並べかえて，正しい英文にしなさい。　　（7点×2）

(1) ( walking / my dog / I / in / was / the ) park.

_____ park.

(2) ( were / you / what / doing / here / ? )

_____

**6** 次の日本文を英文になおしなさい。　　　　　　　（10点×2）

(1) 私はそのときこの雑誌を読んでいたのではありません。

_____

(2) あなたたちは今朝どこで野球をしていましたか。

_____

解答は別冊 P.31・32

**❖ さらに一歩！❖**　●現在進行形には近い未来を表すことがありますが，過去進行形ではどうなりますか？

過去進行形では過去のある時点から見た，近い将来の意味を表します。

Mr. Miller was leaving Japan the next day. （ミラーさんはその翌日日本を離れる予定になっていました。）

**look for ～**：～を探す　**key** [kíː]：鍵　**sleep** [slíːp]：眠る　**together** [təɡéðər]：いっしょに
**letter** [létər]：手紙　**walk** [wɔ́ːk]：～を散歩に連れてゆく

4 (1)過去進行形の基本形〈was [were] ＋～ing〉にあてはめて考える。
(2)否定文は be 動詞のあとに not。
(3)疑問文は be 動詞を主語の前に出す。
(4)下線部は reading の目的語になる。what を使って表す。

5 それぞれ次の意味の文を作る。
(1)「私は公園で犬を散歩させていました」
(2)「あなたはここで何をしていたのですか」

6 (1)「雑誌」＝magazine。「読む」＝read。
(2)「今朝」＝this morning。「野球をする」＝play baseball。

# There is[are]〜.の文

チェック**39**

## 1 チェック**39** There is[are]〜.の文 / 否定文と疑問文

**1** **There is[are] 〜. の肯定文**

「〜がある〔いる〕」という場合，不特定の(「その〜」とか「私の」などがつかない)ものについては，〈There is [are] 〜.〉の形にして表す。過去の文なら was, were を使う。〜にくる語が単数形なら is[was]を，複数形なら are[were]を使う。

| 単数形 | **There** | **is** | *a book* | on the desk. | （机の上に本が1冊あります。） |

　　　　　　　　　　↑単数形↑　　　　　├ 場所を表す語句

| 複数形 | **There** | **are** | *two books* | on the desk. | （机の上に本が2冊あります。） |

　　　　　　　　　　↓複数形↓

✔注 特定のものが「ある〔いる〕」という場合は，その語句を主語にして be 動詞を続け，そのあとに場所を表す語句がくる。My book is on the desk. のようになる。

**2** **There is[are] 〜. の否定文**

これまでの be 動詞のある文と同じように，be 動詞のあとに not を入れる。名詞の前に no を置いて否定の意味にすることもある。

❀ **There** **is** **not** a TV in my room. （私の部屋にはテレビがありません。）

❀ **There** **were** **not** any flowers here. (= There were *no* flowers here.)
（ここには花が1本もありませんでした。）

**3** **There is[are] 〜. の疑問文**

疑問文は be 動詞を there の前に出して，〈Is[Are]＋there ...?〉の形になる(過去形なら Was, Were を使う)。答えの文にも there を使う。

❀ **Are** **there** any boys in the park? （公園に少年たちはいますか。）

―答え方― { Yes, **there** **are**. （はい，います。）
No, **there** **are not[aren't]**. （いいえ，いません。）

「〜がいくつあるか〔何人いるか〕」とたずねるには〈How many＋名詞の複数形＋are there ...?〉の形に，「何がある〔いる〕か」をたずねるには〈What is＋場所を表す語句?〉の形にする。

❀ *How many parks* **are there** in this town? （この町には公園がいくつありますか。）

―― **There are** *two* (*parks*). （2つあります。）〔数字のあとの名詞は省略できる〕

●最重要文の練習● 次の英文を_____に書きましょう。

⑤⑤ **There is a ball in the box.**　　　　　　　　（箱の中にボールが１個あります。）

There is
_____　_____

⑤⑥ **Is there a book on the desk?**　　　　　　　（机の上に本がありますか。）

Is there
_____　_____

## ▶▶▶ポイント確認ドリル　　　　　　　　　　　解答は別冊 P.32

**1** 次の各文の___に is か are のいずれかを書きなさい。

(1) There _____ a pencil on the desk.

(2) There _____ two books on the desk.

(3) There _____ an orange on the table.

(4) There _____ a dog under the tree.

(5) There _____ a lot of cats in this house.

**2** 各文を(1)・(2)は否定文に，(3)・(4)は疑問文に書きかえるとき，___に適する語を書きなさい。

(1) There is a bed in my room.　　There is _____ a bed in my room.

(2) There are many dolls here.　　There _____ not many dolls here.

(3) There is an apple in the fridge.　_____ there an apple in the fridge?

(4) There are five balls in the box.　Are _____ five balls in the box?

**3** 次の語群を日本文に合うように並べかえて，全文を書きなさい。

(1) 教室に３人の生徒がいます。( are / in / students / there / three / the ) classroom.

_____

(2) この町に図書館はありますか。　( library / in / a / this / there / is ) town?

_____

---

このページの
単語・熟語

**pencil** [pénsl]：えんぴつ　**on** [án]：～の上に　**orange** [ɔ́:rindʒ]：オレンジ
**under** [ʌ́ndər]：～の下に　**tree** [trí:]：木　**a lot of ～**：たくさんの～　**house** [háus]：家
**fridge** [frídʒ]：冷蔵庫　**classroom** [klǽsrù:m]：教室　**town** [táun]：町

# There is[are]〜. の文
## There is [are] 〜 の文 / 否定文と疑問文

月　　　日

点

**1** 絵に合うように，____に適する前置詞を書きなさい。（2点×4）

(1) There is a cat

_____ the table.

(2) There are three apples

_____ the table.

(3) There are some flowers

_____ the vase.

(4) There are two pictures

_____ the wall.

**1** (1)「テーブルの下に
ネコがいます」
(2)「テーブルの上に
リンゴが3個ありま
す」
(3)「花びんの中に数
本の花があります」
(4)「壁に2枚の絵が
かかっています」
上になくても，接触
状態にあればonを
使うことができる。

**2** 次の各組の文の内容がほぼ同じになるように，____に適語を
入れなさい。 （6点×2）

(1) { A week has seven days.
  There _____ seven days in a week.

(2) { We had a concert at our school yesterday.
  There _____ a concert at our school yesterday.

**2** have, has, had の
内容を There is
[are]で表す。
(1)「1週間は7日あ
ります」
(2)「昨日学校でコン
サートがありました」

**3** それぞれの問いに対する答えの文を下から1つずつ選び，記
号で答えなさい。 （4点×4）

(1) Are there any hospitals around here? 〔　　〕

(2) Was there a tall tree here last year? 〔　　〕

(3) How many books are there on the desk? 〔　　〕

(4) What is on your desk? 〔　　〕

ア　Yes, there was. 　　イ　There is a new computer.

ウ　Yes, there are some. 　エ　There are ten.

**3** 質問の意味は次の通
り。
(1)「このあたりに病
院はありますか」
(2)「昨年ここに高い
木がありましたか」
(3)「机の上に何冊の
本がありますか」
(4)「あなたの机の上
に何がありますか」

---

このページの
単語・熟語

vase [véis] ヴェイス：花びん　wall [wɔ́ːl] ウォール：壁　week [wíːk] ウィーク：週，1週間
concert [kánsərt] カンサァト：コンサート　hospital [háspitl] ハスピトゥル：病院　around here：このあたりに

126

**4** 〔 〕内の指示にしたがって書きかえなさい。　（8点×4）

(1) There is a table in this room. 〔否定文に〕

_____

(2) There are some balls in the bag. 〔否定文に〕

_____

(3) There are some cups on the table. 〔疑問文に〕

_____

(4) There are <u>two</u> birds in the cage. 〔下線部をたずねる疑問文に〕

_____

**5** 次の語群を並べかえて，正しい英文にしなさい。　（7点×2）

(1) ( an / house / there / near / old / was ) the park.

_____ the park.

(2) ( many / there / in / are / animals ) the zoo?

_____ the zoo?

**6** 次の日本文を英文になおしなさい。　（9点×2）

(1) 私たちの学校には 20 人の先生がいます。

_____

(2) その箱にボールがいくつありますか。

_____

---

**4** (1)be 動詞のある文を否定文にするには，be 動詞のあとに not を入れる。
(2)some は否定文では何になるのか？
(3)疑問文は be 動詞を there の前に出す。疑問文でも some をどうするかに注意する。
(4)数をたずねる疑問文にする。

**5** それぞれ次の意味の文にする。
(1)「公園の近くに古い家がありました」
(2)「その動物園にはたくさんの動物がいますか」

**6** (1)20 人とあるので，複数の文になる。「先生」= teacher。
(2)数をたずねる文にする。「箱」= box。「ボール」= ball。

解答は別冊 P.32・33

---

---

**bag**[bǽg]：かばん，袋　**cup** [kʌ́p]：カップ　**bird** [bə́:rd]：鳥　**cage** [kéidʒ]：鳥かご，おり
**animal** [ǽnəməl]：動物　**zoo** [zú:]：動物園

# 動詞を使う表現

## 1 チェック40 動詞を使う表現

### 1 want to ～

〈to＋動詞の原形〉が「～すること」の意味で，動詞の目的語になる。この形を**不定詞**という。**want to ～**（～したい），**try to ～**（～しようとする），**like to ～**（～することが好きだ），**need to ～**（～する必要がある）などがよく使われる。**want to be ～**は「～になりたい」の意味でよく使われる。主語や現在・過去によって〈to＋動詞の原形〉の形が変わることはない。

- I *want* *to talk* with you. （私はあなたと話したい。）
  ┗━ to＋動詞の原形
- He *wants* *to be* a teacher. （彼は教師になりたいと思っています。）
- We *wanted* *to play* baseball. （私たちは野球がしたかった。）
- You *need* *to stay* here. （あなたはここにいる必要があります。）
  ┗━ 主語や現在・過去に関係なく to のあとに動詞の原形：be 動詞の原形は be

### 2 like ～ing

動詞の～ing 形が動詞の目的語や前置詞の目的語になることがある。この～ing 形を**動名詞**という。**like ～ing**（～することが好きだ），**enjoy ～ing**（～して楽しむ），**be good at ～ing**（～するのが得意〔上手〕だ），**How about ～ing?**（～するのはどうですか）などがよく使われる。

- I *like* *playing* soccer. （私はサッカーをすることが好きです。）
- We *enjoyed* *talking* with her. （私たちは彼女と話して楽しみました。）
- Aya *is good at* *speaking* English. （彩は英語を話すのが得意です。）
- *How about* *going* to the movie? （映画に行くのはどうですか。）
  ┗━ 動名詞の～ing 形は，進行形に使われる～ing 形とは働きが異なる

### 3 look＋形容詞

〈主語＋一般動詞＋形容詞〉の形で，形容詞が主語の説明をする文になる。つまり，主語＝形容詞の関係が成り立つ。**look ～**（～に見える），**sound ～**（～に聞こえる），**feel ～**（～と感じる），**become ～**（～になる）などがよく使われる。

- You *look* *happy* today. （あなたは今日楽しそうに見えます。）
  ┗━ look＋形容詞：You ＝ happy の関係
- His idea *sounds* *interesting*. （彼の考えはおもしろそう〔に聞こえます〕。）
- I *feel* *sleepy* now. （私は今眠いです〔眠く感じています〕。）

解答は別冊 P.33

●最重要文の練習● 次の英文を_____に書きましょう。

㊼ **I want to talk with you.**　　　　　　　（私はあなたと話したい。）

want to talk

_____

㊽ **I like playing soccer.**　　　　　（私はサッカーをすることが好きです。）

like playing

_____

## ▶▶▶ポイント確認ドリル

**1** 各文の（　）内の語を適する形（1語）にかえて，___に書きなさい。ただし，かえる必要のないものはそのまま書くこと。

☐(1) I want to ( watch ) TV now.　　　　　　　　　　　_____

☐(2) We enjoyed ( read ) the book.　　　　　　　　　　_____

☐(3) Ken is good at ( play ) baseball.　　　　　　　　_____

☐(4) He doesn't want to ( cook ) today.　　　　　　　_____

☐(5) We all like ( eat ) apples.　　　　　　　　　　　_____

**2** 次の英文を日本文になおしなさい。

☐(1) Do you like to swim in the sea?

（　　　　　　　　　　　　　　　　　　　　　　　　　　　　　　　）

☐(2) She looks very tired today.

（　　　　　　　　　　　　　　　　　　　　　　　　　　　　　　　）

**3** 次の語群を日本文に合うように並べかえて，全文を書きなさい。

☐(1) あなたはこの本を買いたいのですか。　Do ( want / buy / book / to / you / this )?

_____

☐(2) あなたは公園で走るのが好きですか。　Do ( like / in / running / you / park / the )?

_____

---

このページの
単語・熟語

**watch** [wátʃ]ワッチ：見る　**enjoy** [indʒɔ́i]インヂョイ：楽しむ　**read** [ríːd]リード：読む
**cook** [kúk]クック：料理ををする　**swim** [swím]スウィム：泳ぐ　**sea** [síː]スィー：海
**tired** [táiərd]タイアド：疲れている　**buy** [bái]バイ：買う

# 動詞を使う表現
## want to ~ / like ~ing / look＋形容詞

月　　　日

点

**1** 各文の（　）内の語を不定詞（to ~）か動名詞（~ing）にして，
____に書きなさい。 （2点×5）

(1) I want ( know ) your name. _____

(2) Did you enjoy ( swim ) in the river? _____

(3) You need ( speak ) in English here. _____

(4) I'm not good at ( cook ) curry. _____

(5) I don't want ( use ) this bike. _____

**1**(1)「～したい」の意味にする。
(2)enjoy の目的語を1語で表す。
(3)「～する必要がある」の意味にする。
(4)前置詞 at の目的語にする。
(5)want の否定文になる

**2** 次の各組の①・②の意味の違いがわかるようにして，日本文になおしなさい。 （3点×4）

(1) ① His mother is really young.

(　　　　　　　　　　　　　　　　　　　)

② His mother really looks young.

(　　　　　　　　　　　　　　　　　　　)

(2) ① Some people are looking at the old stamps.

(　　　　　　　　　　　　　　　　　　　)

② I like looking at the old stamps.

(　　　　　　　　　　　　　　　　　　　)

**2**(1)①は事実をそのまま述べている文。
②は見える様子を述べている文。
(2)①現在進行形の文。
②looking ...は like の目的語。

**3** 次の文の内容を考えて，____に適する語を右から1つずつ選び，必要があれば形をかえて書きなさい。 （6点×2）

(1) Your story sounds _____, but I
believe you.

(2) We like looking at pictures.
How about _____ to the museum?

go　see
kind
strange

**3**(1)but 以下の内容から，空所に入る形容詞を決める。
(2)まず How about の意味を考える。museum にどうしようとしているのかを考える。

**4** 次の語群を並べかえて，正しい英文にしなさい。ただし，不要な語が1つずつあります。　　　　　　　（9点×5）

(1) I ( an / teacher / am / be / to / want / English ).

I _____.

(2) My sister ( happy / to / didn't / this morning / look ).

My sister _____.

(3) I'm ( on / at / in / good / the sea / not / swimming ).

I'm _____.

(4) He ( try / fast / of / run / didn't / to ).

He _____.

(5) What ( do / do / are / want / to / you ) today?

What _____ today?

**5** 次の日本文を英文になおしなさい。　　　　（7点×3）

(1) あなたは今テニスをしたいですか。

_____

(2) 私は私の犬といっしょに歩くのが好きです。

_____

(3) その辞書は新しそうには見えません。

_____

**4**(1) want と to があることから考える。be は be 動詞の原形。

(2) look のあとに形容詞が続く文の過去の否定文にする。

(3) be good at 〜の否定文にする。

(4) try と to があることから考える。過去の否定文になる。

(5) do が2つあるが，1つは一般動詞の疑問文を作るためのもの。もう1つは「する」の意味の一般動詞。

**5**(1)「〜したい」がこの文のポイント。

(2)2つの英文が考えられる。できるなら2つとも考えてみよう。

(3) look のあとに形容詞を続ける。現在形の否定文になる。

解答は別冊 P.33・34

❖ さらに一歩！ ❖　　● be good at 〜ing の〜ing の代わりに to 〜を使うことはできないのですか？

前置詞のあとにきて前置詞の目的語には〜ing(動名詞)は使えますが, to 〜(不定詞)は使うことができません。

○　Ken is good at **playing** the piano.　（健はピアノを弾くのが得意です。）

✕　Ken is good at **to play** the piano.

**this morning**：今朝　**fast** [fǽst]：速く　**today** [tədéi]：今日　**walk** [wɔ́:k]：歩く

**dictionary** [díkʃənèri]：辞書

**can の文 / 会話表現 / 過去の文［一般動詞・be 動詞］/ 過去進行形の文 / There is[are] 〜. の文 / 動詞を使う表現**

**1** 正しい英文になるように，（ ）内から適切な語を選び，記号に○をつけなさい。

（3点×6）

1 My brother can（ ア　swim　　イ　swims ）fast.

2 I（ ア　play　　イ　played ）football last week.

3 Jane（ ア　go　　イ　went ）to France two years ago.

4 He（ ア　doesn't　　イ　didn't ）come here yesterday morning.

5 Who（ ア　can　　イ　cans ）answer this question?

6 I didn't（ ア　visit　　イ　visited ）him yesterday.

**2** 次の英文を日本文になおしなさい。　　　　　　　　　（5点×2）

1 My mother can't ski, but she can skate very well.

（　　　　　　　　　　　　　　　　　　　　　　　　　　）

2 Tom usually eats breakfast, but he didn't this morning.

（　　　　　　　　　　　　　　　　　　　　　　　　　　）

**3** 次の英文の下線部に適語を入れ，問答文を完成しなさい。　（4点×4）

1 ＿＿＿＿＿＿ you write letters in English?

—— Yes, I can.

2 ＿＿＿＿＿＿ you go to the park yesterday?

—— No, I didn't.

3 What did you have for lunch?

—— I ＿＿＿＿＿＿ some sandwiches.

4 ＿＿＿＿＿＿ did you come to Japan?

—— I came to Japan three years ago.

---

このページの
単語・熟語

**answer** [ǽnsər]（アンサァ）:答える　**question** [kwéstʃən]（クウェスチョン）:質問　**visit** [vízit]（ヴィズィット）:訪問する

**ski** [skíː]（スキー）:スキーをする　**skate** [skéit]（スケイト）:スケートをする　**usually** [júːʒuəli]（ユージュアリィ）:いつもは

**4** 次の英文を〔　〕内の指示にしたがって書きかえなさい。 (6点×4)

1　Jane can speak Japanese well. 〔否定文に〕

_____

2　We are in Kyoto <u>now</u>. 〔下線部を yesterday にかえて〕

_____

3　They played baseball <u>in the park</u>. 〔下線部をたずねる疑問文に〕

_____

4　<u>Tadashi</u> can solve this problem. 〔下線部をたずねる疑問文に〕

_____


**5** 次の語群を並べかえて，正しい英文にしなさい。 (6点×2)

1　( do / he / not / yesterday / his / did / homework / . )

_____

2　( speak / my / and / English / father / can / French / . )

_____


**6** 次の日本文を英文になおしなさい。 (10点×2)

1　だれが私たちの先生の手伝いをしたのですか。── 正<sub>ただし</sub>です。

_____

2　あなたはこの絵に何が見えますか。── いくつかの動物が見えます。

_____

_____

---

**park** [páːrk]パーク：公園　**solve** [sálv]サルヴ：解く　**problem** [prábləm]プラブレム：問題　**homework** [hóumwəːrk]ホウムワーク：宿題
**help** [hélp]ヘルプ：手伝う　**picture** [píktʃər]ピクチャァ：絵，写真　**see** [síː]スィー：見える　**animal** [ǽnəməl]アニマル：動物

# まとめのテスト⑧

解答は別冊 P.35・36

月　日　　点

## canの文 / 会話表現 / 過去の文[一般動詞・be動詞] / 過去進行形の文 / There is[are] ~.の文 / 動詞を使う表現

**1** 正しい英文になるように，(　)内から適切な語を選び，記号に○をつけなさい。

（3点×6）

1 The train ( ア stoped　イ stopped ) at every station.

2 Kate ( ア read　イ reads ) the book last week.

3 No one ( ア can　イ cans ) answer this question.

4 I didn't ( ア went　イ go ) to the party last night.

5 I didn't ( ア see　イ saw ) any people there.

6 Tom watched the game, but I ( ア did　イ didn't ).

**2** 次の英文を日本文になおしなさい。（5点×2）

1 My father can use this new computer very well, but I can't use it.

(　　　　　　　　　　　　　　　　)

2 I have many friends now, but I didn't have any five years ago.

(　　　　　　　　　　　　　　　　)

**3** 次の英文の下線部に適語を入れ，会話文を完成しなさい。（4点×4）

1 How ＿＿＿＿＿＿ is this white shirt?

—— It's two thousand yen.

2 Thank you very much.

—— You're ＿＿＿＿＿＿.

3 Can I help you?

—— I'm looking ＿＿＿＿＿＿ a hat.

4 What's the ＿＿＿＿＿＿ with you?

—— I'm cold.

**このページの単語・熟語**

train [tréin]（トゥレイン）:電車，列車　station [stéiʃən]（ステイション）:駅　last week:先週　last night:昨夜
people [pí:pl]（ピープル）:人々　shirt [ʃə́:rt]（シャート）:シャツ　thousand [θáuzənd]（サウザンド）:1,000(の)

134

**4** 次の英文を〔　〕内の指示にしたがって書きかえなさい。　　　　　　（6点×4）

1　Mr. Smith writes *kanji* well.　〔「～できない」の意味の文に〕

_____

2　I do my homework <u>every day</u>.　〔下線部を then にかえて，過去進行形の文に〕

_____

3　Ann got to the station <u>at five o'clock</u>.　〔下線部をたずねる疑問文に〕

_____

4　I'm fine, thank you.　How about you?　〔これが答えとなる疑問文に〕

_____


**5** 次の語群を並べかえて，正しい英文にしなさい。　　　　　　（6点×2）

1　( teacher / anything / the / say / me / did / about / ? )

_____

2　( students / came / many / the / how / to / party / ? )

_____


**6** 次の日本文を英文になおしなさい。　　　　　　（10点×2）

1　だれがこの質問に答えられますか。── 純子<sub>じゅんこ</sub>ができます。

_____

2　あなたが撮ったのはこの写真ですかあの写真ですか。── この写真です。

_____

_____

---

write [ráit]ライト：書く　　well [wél]ウェル：上手に　　do one's homework：宿題をする　　fine [fáin]ファイン：元気な
How about ～?：～はどうですか。　　anything [éniθiŋ]エニィスィング：(疑問文で)何か　　take a picture：写真を撮る

**1** 次の各組の語の下線部の発音が3つとも同じなら○，3つとも異なれば×，1つだけ
他と異なれば△をつけなさい。 （2点×3）

1 〔　　〕 { b<u>a</u>seball / cl<u>a</u>ssmate / t<u>a</u>ble }　　2 〔　　〕 { h<u>i</u>gh / kn<u>i</u>fe / l<u>i</u>ke }　　3 〔　　〕 { b<u>u</u>sy / st<u>u</u>dent / <u>u</u>ncle }

**2** 次のＡＢとＣＤの関係がほぼ同じになるように，Ｄに適語を入れなさい。 （3点×6）

| | A | B | C | D |
|---|---|---|---|---|
| 1 | I | my | he | _____ |
| 2 | boy | girl | brother | _____ |
| 3 | is not | isn't | do not | _____ |
| 4 | play | played | study | _____ |
| 5 | pen | pens | box | _____ |
| 6 | one | first | two | _____ |

**3** 次の英文の下線部に適語を入れ，日本文に相当する英文を完成しなさい。（完答4点×5）

1 彼は大学生ではありません。

He _____ _____ a college student.

2 この本はあなたのものです。

_____ book is _____.

3 放課後にテニスをしましょう。

_____ _____ tennis after school.

4 私はその犬が好きではありません。

I _____ like _____ dog.

5 彼は3年前に日本に来ました。

He _____ to Japan three years _____.

**4** 次の英文の下線部に適語を入れ，問答文を完成しなさい。　　　　　　　　（完答 4 点 × 4）

1 _____ _____ is your sister?

—— She is just ten years old.

2 _____ _____ do you get up every day?

—— I get up at six.

3 _____ pencil is this?

—— It's my pencil.

4 _____ can come to the party?

—— Tom and I can.

**5** 次の英文を〔　〕内の指示にしたがって書きかえなさい。　　　　　　　　（5 点 × 4）

1 He has <u>three</u> bikes.　〔下線部をたずねる疑問文に〕

＿＿＿＿＿＿＿＿＿＿＿＿＿＿＿＿＿＿＿＿＿＿＿＿＿＿＿＿＿

2 You open the box.　〔「～するな」という意味の命令文に〕

＿＿＿＿＿＿＿＿＿＿＿＿＿＿＿＿＿＿＿＿＿＿＿＿＿＿＿＿＿

3 This is an interesting <u>book</u>.　〔下線部を複数形にして〕

＿＿＿＿＿＿＿＿＿＿＿＿＿＿＿＿＿＿＿＿＿＿＿＿＿＿＿＿＿

4 He helped his mother yesterday.　〔疑問文に〕

＿＿＿＿＿＿＿＿＿＿＿＿＿＿＿＿＿＿＿＿＿＿＿＿＿＿＿＿＿

**6** 次の日本文を英文になおしなさい。　　　　　　　　　　　　　　　　　（10 点 × 2）

1 この少年はだれですか。—— 彼は私の弟です。

＿＿＿＿＿＿＿＿＿＿＿＿＿＿＿＿＿＿＿＿＿＿＿＿＿＿＿＿＿

2 彼は今何をしていますか。—— 彼はお父さんの車を洗っているところです。

＿＿＿＿＿＿＿＿＿＿＿＿＿＿＿＿＿＿＿＿＿＿＿＿＿＿＿＿＿

# 総合テスト ②

解答は別冊 P.37

**1** 次の各組の語の下線部の発音が3つとも同じなら○，3つとも異なれば×，1つだけ
他と異なれば△をつけなさい。　　　　　　　　　　　　　　　　　（2点×3）

1 〔　　〕 { t<u>ea</u>cher / br<u>ea</u>d / br<u>ea</u>kfast }　　2 〔　　〕 { book<u>s</u> / chair<u>s</u> / box<u>es</u> }　　3 〔　　〕 { <u>e</u>vening / th<u>e</u>se / Japan<u>e</u>se }

**2** 次のＡＢとＣＤの関係がほぼ同じになるように，Ｄに適語を入れなさい。　（3点×6）

| | A | B | C | D |
|---|---|---|---|---|
| 1 | study | studies | have | _____ |
| 2 | go | going | swim | _____ |
| 3 | I | me | we | _____ |
| 4 | this | these | that | _____ |
| 5 | hot | cold | new | _____ |
| 6 | 30 | thirty | 40 | _____ |

**3** 次の英文の下線部に適語を入れ，日本文に相当する英文を完成しなさい。（完答4点×5）

1 彼らは公園で野球をしています。

They _____ _____ baseball in the park.

2 私の弟は5歳で，学校へ行っていません。

My brother is five and _____ _____ to school.

3 彼は昨日その仕事をしませんでした。

He _____ _____ the work yesterday.

4 窓を開けてはいけません。

_____ _____ the windows.

5 机の上に本が2冊あります。

_____ _____ two books on the desk.

138

**4** 次の英文の下線部に適語を入れ，問答文を完成しなさい。　　　　　　　（完答4点×4）

1 ＿＿＿＿＿＿＿＿ is your umbrella?

—— That red umbrella is mine.

2 ＿＿＿＿＿＿＿＿ do you play tennis?

—— We usually play tennis in the park.

3 ＿＿＿＿＿＿＿＿ sports do you play?

—— I play baseball and football.

4 ＿＿＿＿＿＿＿＿ ＿＿＿＿＿＿＿＿ is it now?

—— It's six thirty.


**5** 次の英文を〔　〕内の指示にしたがって書きかえなさい。　　　　　　　（5点×4）

1 He goes to school by bus every day. 〔下線部を yesterday にかえて〕

＿＿＿＿＿＿＿＿＿＿＿＿＿＿＿＿＿＿＿＿＿＿＿＿＿＿＿＿＿＿＿＿＿

2 Tom is watching TV in the room. 〔下線部をたずねる疑問文に〕

＿＿＿＿＿＿＿＿＿＿＿＿＿＿＿＿＿＿＿＿＿＿＿＿＿＿＿＿＿＿＿＿＿

3 I am a high school student. 〔下線部を複数形にして〕

＿＿＿＿＿＿＿＿＿＿＿＿＿＿＿＿＿＿＿＿＿＿＿＿＿＿＿＿＿＿＿＿＿

4 Jane can answer this question. 〔疑問文に〕

＿＿＿＿＿＿＿＿＿＿＿＿＿＿＿＿＿＿＿＿＿＿＿＿＿＿＿＿＿＿＿＿＿


**6** 次の日本文を英文になおしなさい。　　　　　　　　　　　　　　　　　（10点×2）

1 だれが昨日の朝ここに来たのですか。—— トムです。

＿＿＿＿＿＿＿＿＿＿＿＿＿＿＿＿＿＿＿＿＿＿＿＿＿＿＿＿＿＿＿＿＿

2 私はリンゴは好きですが, オレンジは好きではありません。あなたはどうですか。

＿＿＿＿＿＿＿＿＿＿＿＿＿＿＿＿＿＿＿＿＿＿＿＿＿＿＿＿＿＿＿＿＿

＿＿＿＿＿＿＿＿＿＿＿＿＿＿＿＿＿＿＿＿＿＿＿＿＿＿＿＿＿＿＿＿＿

# 総合テスト ③

**1** 次の各組の語の下線部の発音が3つとも同じなら○，3つとも異なれば×，1つだけ他と異なれば△をつけなさい。　　　　　　　　　　　　　　　　　　　　　（2点×3）

1 〔　　〕 { home / old / cold }　　2 〔　　〕 { played / liked / wanted }　　3 〔　　〕 { school / book / cook }

**2** 次のＡＢとＣＤの関係がほぼ同じになるように，Ｄに適語を入れなさい。　（3点×6）

|   | A | B | C | D |
|---|---|---|---|---|
| 1 | father | mother | uncle | _____ |
| 2 | I | mine | you | _____ |
| 3 | three | third | five | _____ |
| 4 | 3 | March | 8 | _____ |
| 5 | box | boxes | child | _____ |
| 6 | no | know | write | _____ |

**3** 次の英文の下線部に適語を入れ，日本文に相当する英文を完成しなさい。（完答4点×5）

1 私はあなたの英語の先生ではありません。

_____ _____ your English teacher.

2 あなたは今日とても幸せそうに見えます。

You _____ very _____ today.

3 今日は何月何日ですか。

What's the _____ today?

4 あなたの身長はどれだけありますか。

_____ _____ are you?

5 私は今英語を勉強しているのではありません。

I'm _____ _____ English now.

**4** 次の英文の下線部に適語を入れ，問答文を完成しなさい。　　　　　　　　（完答4点×4）

1　What _____ is today?

　　—— It's Saturday.

2　_____ you listening to music?

　　—— Yes, I am.

3　_____ she your sister _____ your classmate?

　　—— She is my sister.

4　_____ you write a letter to her?

　　—— No, I didn't.


**5** 次の英文を〔　〕内の指示にしたがって書きかえなさい。　　　　　　　（5点×4）

1　He has some brothers.　〔否定文に〕

　　_____

2　He came to the party by car.　〔下線部をたずねる疑問文に〕

　　_____

3　This is a beautiful picture.　〔This picture で始まるほぼ同じ内容の文に〕

　　_____

4　We listen to the song.　〔「～しましょう」という意味の文に〕

　　_____


**6** 次の日本文を英文になおしなさい。　　　　　　　　　　　　　　　　　（10点×2）

1　あなたは今日，何このリンゴを食べたのですか。—— 5こ食べました。

　　_____

2　あなたはだれのえんぴつを使ったのですか。—— 私の父のを使いました。

　　_____

　　_____

**1** 次の各組の語の下線部の発音が3つとも同じなら○，3つとも異なれば×，1つだけ他と異なれば△をつけなさい。 （2点×3）

1 〔 　 〕 {
st<u>u</u>dy
<u>u</u>se
s<u>u</u>mmer
}
2 〔 　 〕 {
sp<u>ea</u>k
<u>ea</u>t
t<u>ea</u>ch
}
3 〔 　 〕 {
m<u>o</u>vie
h<u>o</u>t
h<u>o</u>me
}

**2** 次のABとCDの関係がほぼ同じになるように，Dに適語を入れなさい。 （3点×6）

| | A | B | C | D |
|---|---|---|---|---|
| 1 | two | too | hear | _____ |
| 2 | she | hers | he | _____ |
| 3 | six | sixth | eight | _____ |
| 4 | look | looked | carry | _____ |
| 5 | come | came | take | _____ |
| 6 | saw | see | got | _____ |

**3** 次の英文の下線部に適語を入れ，日本文に相当する英文を完成しなさい。（完答4点×5）

1 これらの本は私たちのものではありません。

_____ books are not _____.

2 あなたたちも北海道の出身ですか。

Are you _____ Hokkaido, _____?

3 あなたはどうやって駅へ行ったのですか。

_____ _____ you go to the station?

4 このドアは開けないでください。

_____ open this door, _____.

5 あなたは何の本を読んでいるところですか。

_____ book are you _____?

**4** 次の英文の下線部に適語を入れ，問答文を完成しなさい。 (完答4点×4)

1 Is this 234-5678?

—— No. You have the _____ _____.

2 _____ _____ is this new computer?

—— It's about 150,000 yen.

3 Can _____ _____ you?

—— Yes, please. I'm looking for a present for my mother.

4 _____ can I get _____ the library?

—— Just walk along this street. It's near here.

**5** 次の英文を〔　〕内の指示にしたがって書きかえなさい。 (5点×4)

1 He saw the new movie. 〔否定文に〕

_____

2 She got that pretty doll last month. 〔下線部をたずねる疑問文に〕

_____

3 Kate makes lunch in the kitchen. 〔現在進行形の文に〕

_____

4 About ten students went to the party. 〔下線部をたずねる疑問文に〕

_____

**6** 次の日本文を英文になおしなさい。 (10点×2)

1 あなたは今日何をしたいですか。—— その公園に行きたいです。

_____

2 彼はいつその本を書いたのですか。—— 彼は20年前にそれを書きました。

_____

_____

# 「中学基礎100」アプリ  で，
# スキマ時間にもテスト対策！

## 問題集　　アプリ

日常学習
テスト1週間前
『中学基礎がため100%』
シリーズに取り組む！

定期テスト直前！
テスト必出問題を
「4択問題アプリ」で
チェック！

## アプリの特長

『中学基礎がため100%』の
5教科各単元に
それぞれ対応したコンテンツ！
＊ご購入の問題集に対応した
コンテンツのみ使用できます。

テストに出る重要問題を
4択問題でサクサク復習！

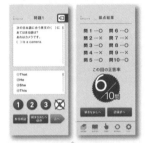

間違えた問題は「解きなおし」で，
何度でもチャレンジ。
テストまでに100点にしよう！

＊アプリのダウンロード方法は，本書のカバーそで（表紙を開いたところ），または1ページ目をご参照ください。

**中学基礎がため100%**

# できた！ 中1英語
# 文法

2021年2月　第1版第1刷発行
2024年10月　第1版第8刷発行

発行人／泉田義則
発行所／株式会社くもん出版
　〒141-8488
　東京都品川区東五反田2−10−2　東五反田スクエア11F
　☎ 代表　03(6836)0301
　　　編集　03(6836)0317
　　　営業　03(6836)0305

印刷・製本／TOPPANクロレ株式会社

監修／卯城祐司(筑波大学)
デザイン／佐藤亜沙美(サトウサンカイ)
カバーイラスト／いつか
本文イラスト／とよしまやすこ・しみずゆき
本文デザイン／岸野祐美・永見千春(京田クリエーション)・TENPLAN
編集協力／岩谷修
音声制作／ブレーンズギア
ナレーター／Rumiko Varnes

©2021　KUMON PUBLISHING Co.,Ltd. Printed in Japan
ISBN 978-4-7743-3109-6

くもん出版ホームページ　　https://www.kumonshuppan.com/

＊本書は『くもんの中学基礎がため100%　中1英語　文法編』を
　改題し，新しい内容を加えて編集しました。

# 公文式教室では、
# 随時入会を受けつけています。

KUMONは、一人ひとりの力に合わせた教材で、
日本を含めた世界60を超える国と地域に「学び」を届けています。
自学自習の学習法で「自分でできた!」の自信を育みます。

公文式独自の教材と、経験豊かな指導者の適切な指導で、
お子さまの学力・能力をさらに伸ばします。

お近くの教室や公文式
についてのお問い合わせは

**0120-372-100**
ミンナニ ヒャクテン

受付時間 9:30〜17:30　月〜金（祝日除く）

---

教室に通えない場合、通信で学習することができます。

公文式通信学習　検索

通信学習についての
詳細は

**0120-393-373**

受付時間 10:00〜17:00　月〜金（水・祝日除く）

---

お近くの教室を検索できます　　くもんいくもん　検索　

---

公文式教室の先生になることに
ついてのお問い合わせは

0120-834-414

くもんの先生　検索　

---

 公文教育研究会

公文教育研究会ホームページアドレス
**https://www.kumon.ne.jp/**

# チェック 番号一覧 中1英語文法編

中学基礎がため100%

# できた！ 中1英語

文法

別冊
解答と解説

➡のあとの数字は，まとめのページの *チェック* の番号に対応しています。

▶▶▶ ポイント確認ドリル　　　　P.5

**1** 答 (1) こちら　(2) これ　(3) あれ

考え方 近くにあるものには This is 〜. を使い，遠くにあるものには That is 〜. を使う。
(1)・(2) 人には「こちらは」を使い，物には「これは」を使うようにする。

**2** 答 (1) a　(2) an　(3) a　(4) an

考え方 (2)・(4) それぞれ e, o という母音で始まっているので an が入る。

**3** 答 (1) This is Japan.
(2) This is a dog.

考え方 (1)「これは〜です」は This is 〜.
(2) dog の前の a を忘れないように。

**P.6・7**

**1** 答 (1) a　(2) an　(3) ×　(4) a
(5) an　(6) ×

考え方 (2)・(5) 次の語が母音で始まる名詞なので an が入る。
(3) my(私の)や your(あなたの)のような語と a, an はいっしょに使えない。
(6) 地名や国名，人名(このような名詞を「固有名詞」という)の前に a, an を使わない。

**2** 答 (1) That is[That's] a plane.
(2) This is a dog.
(3) That is[That's] my book.
(4) This is Japan.

考え方 近くにあるものには This is 〜. を(→(2)・(4))，遠くにあるものには That is 〜. を(→(1)・(3)) を使う。That is の短縮形は That's になるが，This is の短縮形はない。

**3** 答 (1) This is my cat.
(2) That is your pen.
(3) This is an apple, too.
(4) This is my pencil, too.

考え方 (1) 主語は This，動詞が is になる。
(2)「あなたの」は your。このあとに名詞が続く。
(3) apple が a という母音で始まっているので an を使っていることにも注意。
(4) my は名詞(ここでは pencil)の前に。

**4** 答 (1) This is an orange.
(2) This is my camera.
(3) That is[That's] your pencil.
(4) That is[That's] my camera(,) too.

考え方 (1) orange は o という母音で始まっているので，an を使う。
(2) my を使ったら，a を使えない。
(3) my と your の違いを確認しよう。
(4) too の前のコンマは省いてもよい。

▶▶▶ ポイント確認ドリル　　　　P.9

**1** 答 (1) not　(2) not　(3) Is
(4) that

考え方 (1)・(2) 否定文は is のあとに not。
(3)・(4) 疑問文は is を this[that]の前に出す。書きかえた文の意味は次の通り。
(1)「これはテーブルではありません」
(2)「あれは私の自転車ではありません」
(3)「これは卵ですか」
(4)「あれはあなたのコンピュータですか」

**2** 答 (1) Yes　(2) No　(3) No

考え方 (1) it is だけなので，Yes の答えになる。「これは犬ですか」―「はい，そうです」
(2) it is not と not があるので，No の答えになる。「あれは飛行機ですか」―「いいえ，そうではありません」
(3) it isn't は it is not に短縮形を使ったものなので，No の答えになる。「これはあなたの自転車ですか」―「いいえ，そうではありません」

**3** 答 (1) Is this Japan or China?
(2) What is this?

考え方 (1)「これは〜ですか(，それとも)…ですか」は，Is this 〜 or ...? の形になる。もともと Japan や China には a も an もつかないので，or の疑問文でもつかない。
(2)「これ〔あれ〕は何ですか」は，What is this[that]? になる。

**P.10・11**

**1** 答 (1) not　(2) this　(3) What
(4) or

考え方 (1) This is a pencil. の否定文になる。

is のあとに not。

(2) This is your house. の疑問文になる。主語の this を補う。

(3) 文頭なので What と大文字にする。

(4) どちらかを選ばせる疑問文には or を使う。

**2** (答) (1) Yes, is　(2) an egg
(3) a bus　(4) an apple

考え方 is を使った疑問文には基本的には is を使って答える。また，疑問文の this, that は答えの文では it にする。答えの文の意味は次の通り。　(1)「はい，そうです」
(2)「卵です」　(3)「バスです」
(4)「リンゴです」 apple は a という母音で始まっているので an を使う。

**3** (答) (1) This is not[isn't] a calendar.
(2) Is that my dictionary?
(3) Is that a bird or a plane?
(4) What is[What's] this?

考え方 (1) is のあとに not を入れる。
(2) is を主語 that の前に出す。
(3) Is that のあとに，A or B の形を続ける。どちらも a を忘れないように。
(4)「これは卵です」→「これは何ですか」

**4** (答) (1) This is not a book.
(2) What is that?
(3) Is this your cat? ── Yes, it is.
(4) Is this Japan or America?
── It is[It's] Japan.

考え方 (1) This is a book. の否定文。
(2) That is ～. の文の～の部分がわからなくて，その部分を What にした疑問文と考えればよい。
(3) This is your cat. の疑問文。
(4) Is this Japan? と Is this America? の 2 文を or で 1 文にまとめたもの。

セクション **2**-1 **is, am, are のある文①**

▶▶▶ポイント確認ドリル　P.13

**1** (答) (1) She　(2) He　(3) He
(4) She

考え方 男性には he を，女性には she を使うことをまずおさえておく。次の各訳文の下

線部に注意しておこう。

(1)「こちらは私の母です。彼女は看護師です」

(2)「こちらは私の父です。彼は先生です」

(3)「こちらは私の兄〔弟〕です。彼は学生〔生徒〕です」

(4)「こちらは私の姉〔妹〕です。彼女も学生〔生徒〕です」

**2** (答) (1) not　(2) is　(3) he
(4) Is

考え方 (1)・(2) 否定文は is のあとに not。
(3)・(4) 疑問文は is を主語の前に。
(1)「彼は私の先生ではありません」
(2)「彼女は亜希子ではありません」
(3)「彼は医者ですか」
(4)「彼女は看護師ですか」

**3** (答) (1) he　(2) she　(3) Yes
(4) Who

考え方 (1)「あなたのお兄さん〔弟さん〕は学生ですか」―「はい，そうです」 brother は男性。
(2)「あなたのお母さんは先生ですか」―「はい，そうです」 mother は女性。
(3)「あなたのお姉さん〔妹さん〕は看護師ですか」―「はい，そうです」 she is だけなので Yes の答えになる。
(4)「この男の子はだれですか」―「彼は明です」「だれ？」とたずねるには Who を使う。

P.14・15

**1** (答) (1) He's　(2) She's
(3) He isn't[He's not]

考え方 (1)「彼は～です」は He is ～.
(2)「彼女は～です」は She is ～.
(3) He is の短縮形が He's で，is not の短縮形が isn't になる。

**2** (答) (1) Is / Yes　(2) Is / she
(3) Is / he　(4) Who / He's

考え方 (1)「彼女はあなたの友だちですか」―「はい，そうです」
(2)「山本さんはあなたの先生ですか」―「いいえ，ちがいます」
(3)「中村さんは医者ですか」―「はい，

そうです」

(4) 「あの男の人はだれですか」—「彼は私の父です」

**3** (答)(1) 彼女は私の姉[妹]ではありません。彼女は私の新しい友だちです。

(2) 林さんは九州の出身ですか，それとも四国の出身ですか。——(彼は)九州の出身です。

考え方(!)(1) 第2文の〈my＋形容詞(new)＋名詞(friend)〉の語順にも注意しておこう。

(2) from はもともと「～から」の意味で，出身地を表すのにも使うことができる。

**4** (答)(1) He is not[He isn't / He's not] an English teacher.

(2) Is she a college student?

(3) Who is[Who's] this woman?

(4) What is[What's] this fruit?

考え方(!)(1) an が使われているのは，そのあとに続いている English が E という母音で始まっているため。このように名詞の前についた形容詞が母音で始まっている場合も an を使う。「彼は英語の先生ではありません」の意味になる。

(2) 「彼女は大学生ですか」の意味になる。

(3) 「だれ?」とたずねるときは who を使う。

(4) 下線部が物なので，who ではなく what を使う。「このくだものは何ですか」の意味になる。

**5** (答)(1) She isn't my aunt.

(2) Is Ms. Smith from America?

(3) He is not[He isn't / He's not] my teacher. He is[He's] my father.

(4) Who is[Who's] she? —— She is [She's] Kate.

考え方(!)(1) 「彼女は私のおばではありません」という否定文を作る。〈主語(She)＋be動詞(is)＋not[→ isn't] ...〉の語順になる。

(2) 「スミスさんはアメリカの出身ですか」という疑問文を作る。Ms. は Ms のように(.)を打たないで使うこともある。未婚・既婚に関係なく女性に使うことができる。

(3) my のあとには名詞が続くことを覚えておこう。

(4) 話し言葉ではふつう短縮形を使う。

セクション **2**-2 **is, am, are のある文②**

▶▶▶ ポイント確認ドリル　　　P.17

**1** (答)(1) am　(2) are　(3) I
(4) You

考え方(!) まず，I am ～.で「私は～です」，You are ～.で「あなたは～です」の意味になることを確認しておこう。

(1) I に合う be 動詞を補う。「私は山田敬子です」

(2) You に合う be 動詞を補う。「あなたは大学生です」

(3) am に合う主語を補う。「私はテニスの選手です」

(4) are に合う主語を補う。「あなたは看護師です」

**2** (答)(1) not　(2) not　(3) Are
(4) you

考え方(!)(1)・(2) 否定文は be 動詞(am, are)のあとに not を入れる。

(3)・(4) 疑問文は be 動詞を主語の前に出す。書きかえた文の意味は次の通り。

(1) 「私は鹿児島の出身ではありません」

(2) 「あなたは医者ではありません」

(3) 「あなたは学生〔生徒〕ですか」

(4) 「あなたはケートですか」

**3** (答)(1) am　(2) I　(3) Yes
(4) are

考え方(!)(1)・(2) 「あなたは?」とたずねられているので，答えの文では「私は～」となる。

(3) I am だけなので，Yes の答え。

(4) 「私は?」とたずねられているので，答えの文では「あなたは～」となる。

(1) 「あなたは音楽の先生ですか」—「はい，そうです」

(2) 「あなたは私の先生ですか」—「はい，そうです」

(3) 「あなたは横浜の出身ですか」—「はい，そうです」

(4) 「私はあなたの友だちですか」—「はい，そうです」

**1** 答 (1) are (2) is (3) am (4) is

考え方 (1) you に合う be 動詞は are。「あなたは野球の選手です」

(2) This や That に合う be 動詞は is。「これは私のコンピュータです」

(3) I に合う be 動詞は am。「私は高校生です」

(4) Ms. Mori は She に置きかえられるので, She に合う be 動詞を使えばよい。「森さん〔先生〕は新潟の出身です」

**2** 答 (1) Are / I am (2) are you (3) you / am / I'm (4) or / I'm

考え方 (1) 「あなたは?」とたずねられているので, 「私は〜」で答える。「あなたは新入生ですか」—「はい, そうです」

(2) 「だれ?」には Who を使う。Who のあとは疑問文の語順になるので, are you の順になる。「あなたはだれですか」—「私は健の弟〔兄〕の博です」

(3) Are の be 動詞から主語 you を, I の主語から be 動詞 am を補う。3つ目の空所には短縮形が入る。「あなたはアメリカの出身ですか」—「はい, そうです。私はニューヨークの出身です」

(4) Are you 〜? の疑問文に or が使われている。「あなたは学生ですか, それとも先生ですか」—「私は先生です」

**3** 答 (1) 私は野球の選手です。あなたも野球の選手です。

(2) あなたは私の父ではありません。だから, 私はあなたの息子ではありません。

(3) あなたのお仕事は何ですか〔あなたの職業は何ですか〕。—— 私はパイロットです。

考え方 (1) player は文字通り「選手」の意味もあるが, 単に「(野球などを)する人」の意味でも使われることがある。too は「〜も」の意味だが, 下の例文では too は soccer にかかっていることに注意しよう。

〔例〕 I am a baseball player.
I am a soccer player, too.
(私は野球の選手です。私はサッカーの選手でもあります。)

(2) 前半も後半も否定文になっていることに注意。so は「だから, それで」の意味で, 文と文などを結びつける働きをする。

(3) Who are you? が「あなたはだれですか」という意味を表すのに対し, What are you? は「お仕事は何ですか」と, ふつうは職業をたずねる言い方になる。ただし, どちらもぶしつけな感じの英語になるので, 目上の人には使わないように。

**4** 答 (1) You are[You're] a high school student.

(2) I am not[I'm not] Kumi's sister.

(3) Are you from China?

(4) Are you a teacher?

考え方 (1) 下線部は主語。主語が You になると, be 動詞も are にかわる。「あなたは高校生です」

(2) be 動詞 am のあとに not が入る。「私は久美の姉〔妹〕ではありません」

(3) be 動詞 are を, 主語 you の前に出す。「あなたは中国の出身ですか」

(4) 答えの文の主語が I なので, 疑問文の主語は you になる。

**5** 答 (1) You are not my classmate.

(2) Are you Yumi or Kumi[Kumi or Yumi]?

(3) I am not[I'm not] a college student.

(4) Are you a doctor? —— No, I am[I'm] not.

考え方 (1) be 動詞に are があるので, 主語は You だとわかる。このあとに否定文を作る not を続ける。「あなたは私の同級生ではありません」

(2) Are you 〜? の疑問文に or を使ったもの。「あなたは由美ですか, それとも久美ですか〔久美ですか, それとも由美ですか〕」

(3) I am 〜. の否定文になる。am のあとに not を入れる。

(4) 質問の文の主語は you で, 答えの文の主語は I になる。

5

**▶▶▶ ポイント確認ドリル**　　　　　　　　　P.21

**1** 答 (1) like　(2) have　(3) know

考え方 (1) 「～が好きだ」は like。
(2) 「～がいる」は have。have はいろいろな意味に使われるが，もとは「～を持っている」が基本の意味になる。
(3) 「～を知っている」は know。
動詞のあとにきて，一般に「～を」の意味になる語(句)を目的語という。

**2** 答 (1) do not　(2) don't

考え方 一般動詞の否定文は，動詞の前に do not かその短縮形 don't を置く。
(1) 「あなたは日本語を話しません」
(2) 「私は数学が好きではありません」

**3** 答 (1) I study English hard.
(2) I don't like your dog.

考え方 英語の文は，語順が重要になることをまず覚えておこう。動詞の動作などの対象となる語句(目的語)がある文では，〈主語＋動詞＋目的語〉の語順が基本になる。
(1) 主語＝ I，動詞＝ study，目的語＝English でこの語順になる。
(2) 一般動詞の否定文。動詞の前にdon't がくる。主語＝ I，動詞＝(don't) like，目的語＝ your dog。

**P.22・23**

**1** 答 (1) play　(2) like　(3) have
(4) speak

考え方 動詞と目的語の関係を考える。文法的には可能でも，意味的にはふつうはありえないような文は作らないように。
(1) 「私は毎日サッカーをします」
(2) 「私はあなたのネコが大好きです」
(3) 「私は新しい自転車を持っています」
(4) 「私は上手に英語を話します」

**2** 答 (1) know　(2) study　(3) don't
(4) aren't

考え方 (1) 一般動詞の文。I am your brother. だけなら正しい文だが，well (よく)があるので know になる。know ～ well で「～をよく知っている」の意味。

(2) 一般動詞の文。math が study の目的語になる。「あなたは一生けんめい数学を勉強します」
(3) 一般動詞の否定文。a car が目的語。「あなたは乗用車を持っていません」
(4) be 動詞の否定文。「あなたは新入生ではありません」

**3** 答 (1) あなたはピアノを弾きます。私もピアノを弾きます。
(2) 私は数学が好きではありません。(私は)理科も好きではありません。

考え方 (1) 一般動詞の肯定文に too が使われている。
(2) 一般動詞の否定文に either が使われている。

**4** 答 (1) don't have　(2) don't study
(3) don't go

考え方 (1) have が動詞。have の前に do not の短縮形の don't を置く。「私は新しい乗用車を持っていません」
(2) study が動詞。「あなたは熱心に英語を勉強しません」
(3) go が動詞。

**5** 答 (1) I have a pencil
(2) I play the guitar
(3) I do not know your sister well.
(4) You don't play the piano very well.

考え方 (1) 一般動詞 have を使った肯定文。
(2) 一般動詞 play を使った肯定文。guitar の前には the がつく。
(3) 一般動詞 know を使った否定文。
(4) 一般動詞 play を使った否定文。not ～ very ... で「あまり…ない」の意味を表す。

**6** 答 (1) I have a new bike.
(2) I do not[don't] play baseball.
(3) You play the piano every day. I play the piano every day (,) too.
(4) I do not[don't] like English. I do not[don't] like math (,) either.

考え方 (1) 〈a ＋形容詞(new)＋名詞(bike)〉の語順にも注意しておこう。
(2) 一般動詞の否定文になる。baseball

6

の前に a はつかない。

(3) 2文とも一般動詞の肯定文。肯定文なので，「～も」には too を使う。too の前のコンマ(,)は省いてもよい。

(4) 2文とも一般動詞の否定文。否定文の「～も(ない)」には either を使う。too と同じように，コンマは省いてもよい。

---

### セクション ③-2　like, have などの文 [一般動詞]②

#### ▶▶▶ ポイント確認ドリル　　　P.25

**1** **(答)** (1) Do　(2) study　(3) Do you　(4) Do, speak

**(考え方)** 一般動詞の疑問文は Do を主語の前に置いて，〈Do＋主語(you)＋動詞 ～?〉の語順になる。
(1) 「あなたは野球が好きですか」
(2) 「あなたは歴史を勉強しますか」
(3) 「あなたはテニスをしますか」
(4) 「あなたは英語を話しますか」

**2** **(答)** (1) Yes　(2) do　(3) don't　(4) What

**(考え方)** (1) I do だけなので，Yes の答え。「あなたはピアノを弾きますか」―「はい，弾きます」
(2) Yes の答えなので，do を補う。「あなたはノートを持っていますか」―「はい，持っています」
(3) No の答えで空所が1つなので，do not の短縮形の don't を補う。「あなたはサッカーをしますか」―「いいえ，しません」
(4) 動詞 like の目的語が What でこれが文頭にくる。「あなたは何が好きですか」―「私は音楽が好きです」

**3** **(答)** (1) Do you study English hard?
(2) What do you have?

**(考え方)** (1) 一般動詞の疑問文の〈Do＋主語(you)＋動詞＋目的語 ～?〉にあてはめて考える。
(2) What のあとは疑問文の語順になる。

#### P.26・27

**1** **(答)** (1) Do, go　(2) What do　(3) What sport

**(考え方)** (1) 一般動詞の疑問文。go to の to にも

注意しておこう。
(2) この疑問文では What は動詞 like の目的語になる。
(3) この文では What sport が動詞 play の目的語になる。名詞の前につく What は形容詞の働きをする。

**2** **(答)** (1) エ　(2) イ　(3) ウ　(4) ア

**(考え方)** (1) 「あなたはピアノを持っていますか」―「はい，持っています。私はギターも持っています」
(2) 「あなたはピアノを弾きますか」―「いいえ，弾きません。でもギターを弾きます」
(3) 「あなたはこの花が好きですか，それともあの花が好きですか」―「私はこの花が好きです」
(4) 「あなたは何を勉強しますか」―「私は英語と数学を勉強します」

**3** **(答)** (1) あなたは毎日この公園でサッカーをしますか。
(2) あなたは(あなたの)かばん〔バッグ〕にどんな本を持っていますか。

**(考え方)** (1) 場所と時を表す副詞(句)がいっしょに使われるときは，ふつう場所を表す副詞(句)のほうがが先にくる。
(2) この文の What book は have の目的語になっている。

**4** **(答)** (1) Do you like your dog very much?
(2) Do you like music?
(3) What do you have in that box?
(4) What do you see in this picture?

**(考え方)** (1) 一般動詞の疑問文は，主語の前に Do を置く。「あなたは自分の犬が大好きですか」
(2) 「はい，そうです。私は音楽が好きです」→「あなたは音楽が好きですか」
(3) 「あなたはあの箱の中にボールを持っています」→「あなたはあの箱の中に何を持っていますか」
(4) 「あなたはこの写真〔絵〕に鳥が見えます」→「あなたはこの写真〔絵〕に何が見えますか」

**5** 答▶(1) Do you know my sister?
　(2) What sport do you play?
　(3) Do you practice baseball every day?
　(4) What do you know?

考え方❗️(1) my sister が know の目的語になる。
　(2) What sport が play の目的語になる。
　(3) baseball に a はつかない。
　(4) What が know の目的語になる。

## まとめのテスト① P.28・29

**1** 答▶1 ア　2 イ　3 ア
4 イ

考え方❗️1 主語が This のときの be 動詞は is。
「これは私の本です」
　2 主語が I のときの be 動詞は am。「私
はあなたの英語の先生です」
　3 I am a pencil では意味をなさない。
「私は手にえんぴつを持っています」
　4 not が続いているので，don't にす
る必要はない。「私はあなたのお姉さん
〔妹さん〕を知りません」

**2** 答▶1 これは私の家ではありません。あれ
が私の家です。
　2 私はバイオリンを弾きません。でもあな
たはとても上手にバイオリンを弾きます。
　3 あなたはフランス語を話しますか。──
いいえ，話しません。

考え方❗️1 第1文は This is ～. の否定文になっ
ている。
　2 but は前とのつながりが，逆になる
ことを示す。「しかし，でも」などの意味
になる。
　3 一般動詞 speak の疑問文とその答
え。don't は do not の短縮形。

**3** 答▶1 What　2 your
3 Who / is　4 What do

考え方❗️1 Yes や No で答えていないことに注
目する。「これは何ですか」─「それはギ
ターです」
　2 or の疑問文。「これはあなたのカメ
ラですか，それとも私のカメラですか」
─「それは私のカメラです」
　3 答えの文で家族関係を答えているこ

とに注目する。「この女の人はだれです
か」─「彼女は私のおばです」
　4 a ball が人ではなく物であることに
注目する。「あなたはこの箱に何を持っ
ていますか」─「ボールを持っています」

**4** 答▶1 That is an apple.
2 Is that a fish?
3 My sister is not[isn't] a nurse.
4 What is[What's] this?

考え方❗️1 apple は a という母音で始まってい
るので，a を an にかえる。「あれはリン
ゴです」
　2 is を主語 that の前に出す。「あれは
魚ですか」
　3 be 動詞 is のあとに not を入れる。「私
の姉〔妹〕は看護師ではありません」
　4 下線部は物なので，What を使う。「こ
れは何ですか」

**5** 答▶1 Is that a river or a lake[a lake
or a river]?
2 You are not my English teacher.

考え方❗️1 or の前後の名詞の前につく a を忘れ
ないようにしよう。「あれは川ですか，
それとも湖ですか〔湖ですか，それとも川
ですか〕。
　2 主語が You のときの，be 動詞の否
定文になる。not は are のあとになる。「あ
なたは私の英語の先生ではありません」

**6** 答▶1 This is my book. That is[That's]
my book(,) too.
2 What is[What's] that? ── It is
[It's] an orange.
3 Is he a teacher or a doctor? ──
He is[He's] a doctor.

考え方❗️1 That is には短縮形があるが，This
is には短縮形がないことを確認しておこ
う。too の前のコンマは省略してもよい。
　2 物をたずねる文になるので，What
を使う。orange は母音で始まるので an。
　3 or のある疑問文。名詞の前の a を忘
れないようにしよう。

**1** 答 1 ウ　2 ア　3 ア
　　4 ア

考え方 1 主語がYouのときのbe動詞はare。「あなたはニューヨークの出身です」
　2 主語がHeのときのbe動詞はis。「彼は私の兄〔弟〕です」
　3 「〜も」の意味を表すのはtoo。twoは「2」。eitherは否定文に使う。「これは地図です。あれも地図です」
　4 doやdon'tだと動詞がない文になってしまう。「これは私の家ではありません」

**2** 答 1 私はあなたの英語の先生ではありません。私はあなたの音楽の先生です。
　2 あなたは毎日どんな本を読みますか〔読んでいますか〕。
　3 あなたは毎日この公園へ来るのですか,それともあの公園へ行くのですか。

考え方 1 第1文はI amの否定文になる。
　2 Whatはbookの前について形容詞の働きをして「どんな〜,何の〜」の意味を表す。動詞readの目的語がWhat bookになる。
　3 一般動詞のorの疑問文。

**3** 答 1 or / It's　2 Are / am
　3 she is　4 What / have

考え方 答えの文や主語などに注目して考えてみよう。それぞれ次の意味になる。
　1 「あれは犬ですか,それともネコですか」―「(それは)ネコです」
　2 「あなたはフットボールの選手ですか」―「はい,そうです」
　3 「中村さんは大学生ですか」―「はい,そうです」
　4 「あなたはかばんに何を持っていますか」―「私は本を持っています」

**4** 答 1 That is not[That isn't / That's not] my watch.
　2 What do you see in this picture?
　3 What sport do you like?
　4 Who is[Who's] this student?

考え方 1 否定文はbe動詞isのあとにnotを入れる。「あれは私の時計ではありません」
　2 下線部は人間ではないのでWhoは使えない。「あなたはこの絵〔写真〕の中に何が見えますか」という文を作る。
　3 「私は野球が好きです」→「あなたはどんなスポーツが好きですか」と考える。
　4 下線部は人を表しているので,「この学生はだれですか」という文を作る。

**5** 答 1 I don't have a book in my hand.
　2 What do you use in that room?

考え方 1 don'tがあるので,一般動詞の否定文だとわかる。「私は手に本を持っていません」
　2 Whatで始まる一般動詞の疑問文になる。「あなたはあの部屋で何を使いますか」

**6** 答 1 What food do you like? —— I like sushi.
　2 I do not[don't] like this flower. I do not[don't] like that flower(,) either.
　3 What do you do in this room? —— I study.

考え方 1 答えの日本文では主語が省略されているが,英語の文では省略しないように。
　2 第2文も主語は省略されているが,やはり英語では省略してはいけない。
　3 doには否定文や疑問文を作るときに使う以外に,ふつうの一般動詞として「〜する」の意味がある。

## セクション 4-1 形容詞と冠詞①

▶▶▶ ポイント確認ドリル P.33

**1** 答 (1) new　(2) tall　(3) busy
考え方 (1) 「新しい」はnew。形容詞が名詞の前につく形。
　(2) 「背の高い」はtall。これも形容詞が名詞の前につく形。
　(3) 「忙しい」はbusy。形容詞がbe動詞(is)のあとに続く形。

**2** 答 (1) an　(2) new
考え方 (1) 「私は古い車を持っています」 old

が母音(old)で始まっているので an。

(2) 「この自転車は新しい」 be 動詞のあとに形容詞がきて主語を説明するときは a や an は必要ない。

**3** (答) (1) This is an old book.
　(2) This book is old.

(考え方) (1) 「これは〜です」は This is 〜.〈an＋形容詞(old)＋名詞(book)〉の語順。
　(2) 「この〜」は this 〜。このときの this は形容詞の働きをする。

---
**P.34・35**

**1** (答) (1) a new　(2) That, beautiful

(考え方) (1) a は形容詞の前で〈a＋形容詞＋名詞〉の語順になる。
　(2) 「あの〜」は名詞の前について，ここでは That park が文の主語になっていることに注意。

**2** (答) (1) busy　(2) interesting
　(3) very　(4) difficult

(考え方) 内容を考え，自然な文になるようにする。
　(1) 「お母さんは台所で忙しい」
　(2) 「これはおもしろい本です」
difficult もよさそうだが，空所の前に an があるので，母音で始まる interesting にする。
　(3) 「私の兄〔弟〕はとても背が高い」 この空所には，形容詞の意味を強める副詞の very が入る。
　(4) 「あれは難しい質問です」

**3** (答) (1) pencil, long　(2) is a

(考え方) (1) 上の文の This は主語になる代名詞で，下の文の This は pencil を修飾する形容詞になる。
　(2) 「あの花は美しい」→「あれは美しい花です」

**4** (答) (1) 私は小さい犬を飼っていますが，あなたの犬はとても大きい。
　(2) 私たちの新しい先生は親切〔やさしい〕です。彼女はとても人気があります。

(考え方) (1) この文の have は「(動物などを)飼う」の意味。very は big の意味を強める副詞である。
　(2) kind, popular ともにここでは be 動

---
詞のあとに使われている。

**5** (答) (1) This park is very large.
　(2) I have a long pencil.
　(3) That is my new car.
　(4) This is a very tall building.

(考え方) (1) be 動詞のあとに形容詞が続く形では，a[an]は不要。a[an]は名詞につくものである。「この公園はとても広い」
　(2) 〈a＋形容詞(long)＋名詞(pencil)〉の語順。「私は長いえんぴつを持っています」
　(3) 〈所有格(my)＋形容詞(new)＋名詞(car)〉の語順。「あれは私の新しい車です」
　(4) 〈a＋very＋形容詞(tall)＋名詞(building)〉の語順。「これはとても高い建物です」

**6** (答) (1) He is my new friend.
　(2) English is not difficult.
　(3) Is this book difficult?
　(4) My new teacher is very kind.

(考え方) (1) まず主語になるものを探す。my new friend の語順に注意しておこう。
　(2) English is difficult. を否定文にしたもの。is のあとに not を入れる。
　(3) This book is difficult. を疑問文にしたもの。is を主語の this book の前に。
　(4) 〈所有格(My)＋形容詞(new)＋名詞(teacher)〉の語順になり，この部分が文の主語になる。

---
セクション **4**-2 **形容詞と冠詞②**

▶▶▶ ポイント確認ドリル　　　　P.37

**1** (答) (1) a　(2) an　(3) an　(4) a

(考え方) 次にくる語が子音で始まっていればaを，母音で始まっていれば an を使う。
　(1) 「私はネコを飼っています」
　(2) 「私は手にリンゴを持っています」
　(3) 「これは古いコンピュータです」
　(4) 「私は新しいコンピュータがほしい」

**2** (答) (1) ... play ∧ piano ...
　(2) ... play ∧ guitar ...
　(3) ... like ∧ dog ...
　(4) ... like ∧ book ...

考え方❗️ (1) 「私は毎日ピアノを弾きます」 楽器の前には the。

(2) 「あなたは毎日ギターを弾きますか」

(3) 「私は犬を飼っています。私はその犬が大好きです」

(4) 「これは彼の新しい本です。私はその本があまり好きではありません」 not ～ very で「あまり～ない」の意味。

**3** 答▶(1) This is an interesting book.

(2) I play the violin every day.

考え方❗️ (1) 形容詞 interesting が母音で始まっているので，an を使うことに注意。

(2) 楽器の前には the。

**P.38・39**

**1** 答▶(1) an　(2) ×　(3) ×

(4) the　(5) a, a　(6) ×

考え方❗️ (1) old は母音で始まっている。「私には年老いた祖父がいます」

(2) 所有格の前後に冠詞はつかない。「トムは私の新しい友だちです」

(3) スポーツ名には何もつけない。「私はフットボールはしません」

(4) 楽器の前には the をつける。「あなたは学校でフルートを演奏しますか」

(5) どちらも「1人の」の意味の語が必要。「私には（1人の）兄〔弟〕と，（1人の）姉〔妹〕がいます」

(6) English や math（数学），science（理科）などの教科名には何もつけない。「私は毎日英語を勉強します」

**2** 答▶(1) a, interesting　(2) the piano

(3) the morning　(4) The, the

考え方❗️ (1) interesting の前に very がついたために an ではなく a を使う。

(2) 楽器の piano の前には the。

(3) 「午前〔午後／夕方〕に」は，in the morning[afternoon / evening]になる。

(4) 世の中でたった1つのものには the。

**3** 答▶(1) 私はその有名な歌手をとてもよく知っています。

(2) 私は夕方は忙しくありません。

考え方❗️ (2) in the evening（夕方に）はまとめて覚えておこう。

**4** 答▶(1) I have a yellow pencil.

(2) I study English in the afternoon.

(3) This is an old camera.

(4) That is a new house.

考え方❗️ (1) an → a。「私は黄色いえんぴつを持っています」

(2) an → the。「私は午後に英語を勉強します」

(3) old の前には a ではなく an。「これは古いカメラです」

(4) new house の前に a が必要になる。「あれは新しい家です」

**5** 答▶(1) He is an English teacher.

(2) Do you know the English word?

(3) Is that an orange or an apple?

(4) I have a watch.　The watch is new.

考え方❗️ (1) 主語になるのは he。English は「英語の」の意味の形容詞として使う。

(2) 「その」は the。この文の English も形容詞としての用法。

(3) Is that *A* or *B*? の疑問文になる。*A*, *B* にくる語はここではどちらも母音で始まっているので，どちらにも an をつける。

(4) watch には第1文では a が，第2文では「その」の the がつくことを確認。

セクション **5**-1　**複数の文①**

▶▶▶ **ポイント確認ドリル**　P.41

**1** 答▶(1) book　(2) two

(3) apples　(4) balls

考え方❗️ (1) a があるから単数形。「私は手に本を持っています」

(2) books と複数形なので two。「私はおもしろい本を2冊持っています」

(3) three とあるので複数形。「私は両手に大きなリンゴを3こ持っています」なお，hands と複数形になっているので「両手」としていることにも注意。

(4) five とあるので複数形。「私は新しいボールが5こほしい」

**2** 答▶(1) pens　(2) boxes　(3) apples

(4) dishes　(5) cities　(6) men

(7) buses　(8) dictionaries

(1)・(3) そのまま s をつける。

(2)・(4)・(7) es をつける。

(5)・(8) y を i にかえて es をつける。

(6) 不規則に変化する。

**③** 答(1) I have two brothers.

(2) I don't have any brothers.

考え方❗ (1) two のあとに複数形が続いている。

(2) 否定文の any である。ここでも複数形が続いていることに注意。

**P.42・43**

**①** 答(1) computers　(2) children

(3) any　(4) books

考え方❗ (1) computer を複数形にする。「私はたいてい2台のコンピュータを使います」

(2) child の複数形は children。「向こうにたくさんの子どもが見えます」

(3) 否定文なので any を使う。「私には兄弟がひとりもいません」 なお，疑問文でも some を使うことがある。この場合は，相手に何かを勧めたりして Yes の返答を期待するときである。

(4) How many のあとには，名詞の複数形が続く。「あなたは本を何冊持っていますか」

**②** 答(1) ×　(2) ○　(3) ○

(4) ○

考え方❗ (1) [s]と[z]。　(2) どちらも[z]。

(3) どちらも[s]。　(4) どちらも[iz]。

**③** 答(1) any / any　(2) many / have

考え方❗ (1) 「あなたは(何匹か)ペットを飼っていますか」―「いいえ，飼っていません。私は(1匹も)ペットを飼っていません」最初の any は疑問文に，答えの any は否定文に使われている。

(2) 数をたずねるのは〈How many ＋名詞の複数形 ～?〉の形になる。なお，many は単独では「たくさんの」の意味を表すとも覚えておこう。

**④** 答(1) あなたには兄弟が2人いますが，私にはひとりもいません。

(2) 私はアメリカにたくさんの友だちがいます。

(3) あなたは学校で何人の生徒に教えていますか。

考え方❗ (1) 後半は否定文の any。

(2) a lot of ～は「たくさんの～」の意味で，many と同じ。

(3) How many students が teach の目的語になっている。

**⑤** 答(1) I see three leaves on the table.

(2) I do not[don't] know any interesting stories.

(3) Do you know any Japanese words?

(4) How many rackets do you use?

考え方❗ (1) leaf の複数形は leaves。「テーブルの上に3枚の葉が見えます」

(2) 否定文なので some を any に。「私はおもしろい物語をひとつも知りません」

(3) 疑問文なので some を any に。「あなたは何か日本語の単語を知っていますか」

(4) 下線部は数を表しているので，How many の疑問文にする。「あなたはラケットを何本使いますか」

**⑥** 答(1) I have some new books.

(2) I don't have any sisters.

(3) Do you like cats? —— Yes, I do.

(4) How many stamps do you have?
—— I have eighty[80] (stamps).

考え方❗ (1) 〈some＋形容詞(new)＋名詞(books)〉の語順にも注意。

(2) 否定文に any が使われている。

(3) 一般に「好き，きらい」と言うときは目的語を複数形にする。

(4) 複数の文では，数を表す語がよく使われるので，数を英語で言えるように。

**セクション ⑤-2 複数の文②**

**▶▶▶ ポイント確認ドリル**　P.45

**①** 答(1) am　(2) is　(3) are

(4) are　(5) are　(6) are

考え方❗ それぞれの主語に合った be 動詞を選ぶ。

(1) 「私は学生です」

(2) 「彼は学校の先生です」

(3) 「私たちは高校生です」

(4) 「彼(女)らは私の昔からの友人です」

(5) 「ケンとボブはアメリカの出身です」

Ken and Bob を代名詞で表すと They に
なることからも考えてみよう。

(6)「あなたと私は仲のよい友だちです」
You and I を代名詞にすると We になる
ことからも考えてみよう。

**2** 答(1) they　(2) we

考え方 (1)「これらはあなたのえんぴつですか」
―「はい，そうです」質問の文の these
や those は答えの文では they になる。

(2)「あなたたちは英語の先生ですか」―
「はい，そうです」「あなたたちは」は答
えの文では「私たちは」になることに注
意。you は「あなたは」「あなたたちは」の
両方の意味に使われるが，その区別は名
詞があれば複数形になる。名詞がない場
合は，前後関係などから判断する。

**3** 答(1) Those are my dogs.

(2) They are not my friends.

考え方 (1) 主語が Those になる。

(2) They are my friends. の否定文。

**P.46・47**

**1** 答(1) and　(2) These books

考え方 (1)「～と…」は and。語だけでなく，語
句と語句，文と文をつなげる働きもする。

(2)〈these[those]＋名詞の複数形〉の形。

**2** 答(1) are　(2) We　(3) Do

(4) not

考え方 (1) 主語が複数(Those boys)の文。

(2) 選択肢の中で主語になれるのは we
だけ。文頭にくるので大文字にする。

(3) teach が一般動詞なので，一般動詞
の疑問文になる。

(4) be 動詞の否定文。be 動詞のあとに
not を置く。

**3** 答(1) These pictures

(2) Those, books

考え方 (1) 下の文では主語が These pictures
になる。

(2)「あれらの本はとても古い」→「あれ
らはとても古い本です」

**4** 答(1) あなたたちは音楽の先生ではありま
せん。あなたたちは理科の先生です。

(2) あれらの〔あの〕2つの建物は銀行と郵便

局です。

考え方 (1) 第1文は否定文。あとに続く名詞が
teachers と複数形なので You は「あなた
たちは」の意味になる。

(2) be 動詞のあとに～ and ... が続いて
いることにも注意。

**5** 答(1) These are interesting stories.

(2) We are college students.

(3) Who are those boys?

(4) What are these?

考え方 (1) This → These, is → are, an →不要,
story → stories。「これらはおもしろい
物語です」

(2) I → We, am → are, a → 不要,
student → students。「私たちは大学生です」

(3) 下線部は人なので who の疑問文に。
Who のあとは疑問文の語順になる。

(4) 下線部は物なので what の疑問文に。

**6** 答(1) These are very pretty flowers. /
These flowers are very pretty.

(2) They are not my friends.

(3) We are not[We aren't / We're not]
busy now.

(4) Who are those girls? ―― They
are[They're] my sisters.

考え方 (1) 解答の最初は These が主語で，2つ
目は These flowers が主語になる。「こ
れらはとてもかわいい花です」「これら
の花はとてもかわいい」

(2) 主語は They になる。「彼らは私の
友だちではありません」

(3) We are busy now. を否定文にした
もの。

(4) 質問の文の those girls は答えの文で
は They で受けることに注意。

セクション **6**-1 **likes, has などの文①**

▶▶▶ ポイント確認ドリル　　　　　　P.49

**1** 答(1) We　(2) He　(3) Tom

(4) brothers

考え方 主語が he, she, it およびこれらに置きか
えることができる場合には，動詞に s や
es がつくことをまず確認しておこう。

13

(1) 主語がKenだと動詞はgoesになる。「私たちは毎日学校へ行きます」

(2) likes とあるので主語は He。「彼は日本の食べ物が好きです」

(3) plays とあるので主語は Tom。「トムは上手にテニスをします」

(4) 動詞がuseとsがついていないので、主語は複数の brothers になる。「私の兄弟たちは上手にコンピュータを使います」

**2** 答 (1) plays  (2) cooks
(3) watches  (4) studies

考え方 主語が he, she, it およびこれらに置きかえることができる場合には、動詞にs や es をつける。

(1) 「健は毎日野球をします」 s だけをつける。

(2) 「母はとても上手に料理をします」s だけをつける。

(3) 「私の姉〔妹〕は毎日テレビを見ます」es をつける。

(4) 「由美は熱心に数学を勉強します」y を i にかえて es をつける。

**3** 答 (1) Ms. Hara likes English very much.

(2) Tom has a big dog.

考え方 主語はどちらも3人称・単数になることに注意。

(1) likes が動詞で、English が目的語。

(2) has が動詞で、a big dog が目的語。

**P.50・51**

**1** 答 (1) like  (2) lives
(3) walks  (4) watches

考え方 (1) 主語が複数なので、動詞にsはつかない。「トムとボブはリンゴが好きです」

(2) 動詞にs をつける。「山本さんは札幌に住んでいます」

(3) 動詞にs をつける。「真由美は毎日歩いて学校へ行きます〔徒歩通学しています〕」

(4) watch にはsではなく、es をつける。「健は野球の試合を見ます」

**2** 答 (1) ○  (2) ○  (3) ○

(4) ×

考え方 (1) どちらも[s]。  (2) どちらも[z]。
(3) どちらも[iz]。  (4) [s]と[z]。

**3** 答 (1) has  (2) studies
(3) goes  (4) teaches
(5) has

考え方 主語はいずれも3人称・単数。

(1) have は has に。「トムは大きなリンゴを持っています」

(2) study は studies に。「彼女は毎日英語を勉強します」

(3) go は goes に。「私の兄〔弟〕は高校へ通っています」

(4) teach は teaches に。「山田先生は英語を教えています」

(5) 「私の母は英語の本をたくさん持っています」

**4** 答 (1) 私はその男の人を知りませんが、彼は私の先生について知っています。

(2) 林さんは3か国語か4か国語を話します。

考え方 (1) 後半の文の主語は3人称・単数。

(2) 「3か国語か4か国語」は「3～4か国語」としてもよい。

**5** 答 (1) My sister uses this desk.

(2) The girl helps the old man.

(3) He needs a big dictionary.

(4) Kim speaks English at school.

考え方 いずれも主語は3人称・単数になる。

(1) 「私の姉〔妹〕はこの机を使っています」

(2) 「その少女は、その老人の手助けをします」

(3) 「彼は大きな辞書を必要としています」

(4) 「キムは学校で英語を話します」

**6** 答 (1) Nancy plays the piano every day.

(2) Tom has a lot of friends.

(3) My mother[mom] speaks English well.

(4) He has three children.

考え方 (1) 主語は Nancy、動詞は plays。楽器の前の the にも注意しておこう。

(2) 主語は Tom、動詞は has。「トムには友だちがたくさんいます」

(3) My mother は She に置きかえられ
るので，3 人称・単数。

(4) 「子どもがいる」→「子どもを持って
いる」と考える。

セクション 6 -2 **likes, has などの文②**

▶▶▶ ポイント確認ドリル P.53

**1** 答(1) do (2) does
(3) Do (4) Does

考え方 否定文や疑問文で does を使うのは，主
語が 3 人称・単数のときである。
(1) 主語は 1 人称・単数。「私はテニス
が好きではありません」
(2) He は 3 人称・単数。「彼はテニスが
好きではありません」
(3) You は 2 人称・単数(または複数)。「あ
なた(たち)は野球をしますか」
(4) 「彼は野球をしますか」

**2** 答(1) Yes (2) Yes (3) No

考え方 Does の疑問文には，〈Yes, 主語＋does.〉
か〈No, 主語＋does not[doesn't].〉で答
える。
(1) 「彼はコンピュータを使いますか」―
「はい，使います」
(2) 「彼女は学校へ行ってますか」―「は
い，行ってます」
(3) 「健はリンゴが好きですか」―「いい
え，好きではありません」

**3** 答(1) He does not like my dog.
(2) Does he speak English well?

考え方 (1) 〈主語＋does not＋動詞の原形 ～.〉
にあてはめて考える。
(2) 〈Does＋主語＋動詞の原形 ～?〉にあ
てはめて考える。

P.54・55

**1** 答(1) does (2) does (3) do
(4) does, study

考え方 (1) He は 3 人称・単数で，否定文は〈does
not＋動詞の原形〉の形になる。
(2) Ms. Yamada は She に置きかえるこ
とができる。
(3) Ken and Bob は 2 人になるので，3
人称・単数ではない。Ken and Bob は

They に置きかえられる。
(4) My sister は She に置きかえられる。
does not のあとには原形が続くことに注
意する。

**2** 答(1) Does / Yes
(2) Does / she does
(3) Does / doesn't
(4) many / has

考え方 (1) 「彼には(何人か)兄弟がいますか」―
「はい，います。2 人います」
(2) 「あなたのお姉〔妹〕さんは毎日勉強
しますか」―「はい，します」
(3) 「金子さんはネコや犬が好きですか」
―「いいえ，好きではありません」
(4) 「あなたのお父さんは本を何冊持っ
ていますか」―「彼は約300冊の本を持っ
ています」

**3** 答(1) イ (2) エ (3) ア
(4) ウ

考え方 (1) 「だれが毎日サッカーをしますか」―
「私の兄〔弟〕がします」
(2) 「あなたのお兄〔弟〕さんは毎日サッ
カーをしますか」―「はい，します」
(3) 「あなたのお兄〔弟〕さんは毎日何を
しますか」―「彼はサッカーをします」
(4) 「あなたはときどきサッカーをしま
すか」―「はい，します」

**4** 答(1) Tom does not[doesn't] have a
Japanese car.
(2) Mr. Saito does not[doesn't] teach
English.
(3) Does your brother want a new
bike?
(4) How many books does he read
every month?
(5) What does she play every day?
(6) Who teaches English?

考え方 (1) does not[doesn't]のあとには原形
の have がくる。「トムは日本車を持って
いません」
(2) 原形の teach を使う。「斉藤先生は
英語を教えていません」
(3) 〈Does＋主語＋動詞の原形 ～?〉にあ

15

てはめて考える。「あなたのお兄〔弟〕さんは新しい自転車をほしいと思っていますか」

(4) 下線部は数を表しているので、〈How many＋名詞の複数形＋does＋主語＋動詞の原形 〜?〉の形になる。「彼は毎月何冊の本を読みますか」

(5) 下線部は「物」で、動詞の目的語にあたるので、What で始まる疑問文にする。「彼女は毎日何を弾きますか」

(6) 下線部は「人」で、主語になっているので Who で始まる疑問文にする。この Who は主語になっていることに注意する。Who は 3 人称・単数扱いにするので、動詞は -s, -es のついた形になる。「だれが英語を教えていますか」

**5** (答)(1) Tadashi does not[doesn't] have any brothers.

(2) Does your father speak English?
—— Yes, he does.

考え方(1) any brothers の代わりに a brother としてもよい。

(2) Does の疑問文には does を使って答えることを確認しておこう。

---

セクション **7** 代名詞と Whose 〜?

▶▶▶ ポイント確認ドリル　　　　P.57

**1** (答)(1) him (2) Our (3) mother's
(4) mine

考え方(1) 動詞の目的語になる目的格。「私は彼が大好きです」

(2) 名詞が続いているので所有格。「私たちの先生はとても親切です」

(3) 人の名前や名詞の所有格を作るには〈's〉を使う。「これは私の母のバッグです」

(4) あとに名詞がないので所有代名詞。「あの大きなリンゴは私のものです」

**2** (答)(1) her (2) yours (3) Its
(4) them

考え方(1) 動詞の目的語になる目的格。「あなたは彼女を知っていますか」

(2) 所有代名詞。「このかさはあなたのものですか」

---

(3) it の所有格の its。it is の短縮形 it's と区別する。「私は犬を飼っています。その〔犬の〕鼻はとても大きい」

(4) 動詞の目的語になる目的格。「私は彼(女)らが大好きです」

**3** (答)(1) Whose book is this?
(2) Whose is this book?

考え方(1) whose は所有格の働き。
(2) whose は所有代名詞の働き。

P.58・59

**1** (答)(1) mine (2) her (3) Whose
(4) It's

考え方(1) 「これはあなたの自転車ですか」—「はい。それは私のものです」

(2) 「このノートは彼のですか彼女のですか」—「それは彼のものではありません。彼女のノートです」

(3) 「あれはだれの自転車ですか」—「私の姉〔妹〕のです」

(4) 「これはだれの辞書ですか」—「それはあなたのです」

**2** (答)(1) ours (2) their (3) his
(4) mine

考え方 所有格か所有代名詞かに注意する。

(1) we(主格)— our(所有格)— us(目的格)— ours(所有代名詞)。

(2) they — their — them — theirs。

(3) he — his — him — his。

(4) I — my — me — mine。

**3** (答)(1) ウ (2) ア (3) エ
(4) イ

考え方(1) 「これはだれの机ですか」—「それは彼女のです」

(2) 「あれらはだれのえんぴつですか」—「それらは私のです」

(3) 「あなたはだれのカメラを使いますか」—「私は健のカメラを使います」

(4) 「あなたはだれの絵〔写真〕が好きですか」—「私はトムの絵〔写真〕が好きです」

**4** (答)(1) They like you.

(2) Whose guitar is this?

(3) Whose racket does he use?

(4) Whose albums are these?

考え方 (1) 「トムとベンは」→「彼らは」，「あなたと真美を」→「あなたたちを」

(2)・(3) 〈Whose＋名詞〉のあとは疑問文の語順にする。

(4) albums と複数形なので，主語やそれに合う be 動詞も複数形のものを使う。

**5** 答 (1) This watch is not mine.

(2) Whose sister is that girl?

(3) I do not [don't] know him. I do not [don't] know her (,) either.

(4) Whose stamps are these? ── They are [They're] my brother's.

考え方 (1) This watch is mine. の否定文。

(2) Whose の次に名詞が続く用法。

(3) 否定文の「も」には either を使う。

(4) 主語は複数になる。答えの文では，these は they になる。

## まとめのテスト③ P.60・61

**1** 答 1 イ　2 イ　3 ア
4 ア　5 イ　6 イ

考え方 1 English が母音で始まっているので an。「私は英語の教師です」

2 He は 3 人称・単数。「彼には何人か新しい友だちがいます」

3 a lot of は複数を表す語句。「私は英語の本をたくさん持っています」

4 あとに名詞が続いているので所有格。「これは私たちの学校です」

5 study は y を i にかえて es。「私の姉〔妹〕はとても熱心に英語を勉強します」

6 You and I は複数になる。「あなたと私は中学生です」

**2** 答 1 あなたたちはアメリカ人ですか，それともカナダ人ですか。── 私たちはカナダ人です。

2 このえんぴつはあなたのものですか，それとも私のものですか。── それは私のものです。あのえんぴつ〔あれ〕も私のものです。

考え方 1 質問の文の you は，答えの文で we で答えているから，「あなたたち」の意味。

2 one は pencil のこと。

**3** 答 1 How / have　2 What / has

3 Are / they　4 Whose / It's

考え方 1 「あなたは辞書を何冊持っていますか」─「3 冊持っています」

2 「彼は(両)手に何を持っていますか」─「英語の本を何冊か持っています」

3 「あの少年たちは博と正ですか」─「はい，（彼らは）そうです」

4 「これはだれのグローブですか」─「それは私のグローブです」

**4** 答 1 The tall girls are not [aren't] my friends.

2 My brother washes the car every day.

3 Do you have any albums?

4 What does he have in his pocket?

考え方 1 be 動詞の否定文は be 動詞のあとに not。「その背の高い少女たちは私の友だちではありません」

2 wash には es をつける。「私の兄〔弟〕は毎日その車を洗います」

3 some は疑問文ではふつう any にかえる。「あなたは(何冊か)アルバムを持っていますか」

4 下線部は物なので，what の疑問文にする。「彼はポケットに何を持っていますか」

**5** 答 1 You have some interesting stamps.

2 Does your father speak English?

考え方 1 主格の you と，肯定文の some に注意。「あなたは興味深い切手を何枚か持っています」

2 主語が 3 人称・単数の疑問文。「あなたのお父さんは英語を話しますか」

**6** 答 1 These boys are not [aren't] my brothers.

2 Are you from Japan (,) too? ── Yes, we are.

3 Whose dog is this? ── It's [It is] hers.

考え方 1 主語は複数になる。

2 「あなたたちは」は答えの文では「私たちは」になる。

the morning.

**3** 〈Whose＋名詞〉のあとに疑問文の語順を続ける。

## まとめのテスト④　P.62・63

**1** 答▶1 ア　2 イ　3 イ
　　4 イ　5 イ　6 イ

考え方 **1** 肯定文には some。「私は仲のよい友だちが何人かいます」
　**2** 動詞の目的語になる目的格。「私は彼をとてもよく知っています」
　**3** 楽器の前にはふつう the。「私は毎日ギターを弾きます」
　**4** 主語は3人称・単数。「その少年は私の両親を知りません」
　**5** are や cameras から主語は複数を表すもの。「これらは私のカメラです」
　**6** ア（複数形）だとおもちゃそのものが姉〔妹〕たちになってしまう。「これらのおもちゃは私の姉〔妹〕のものです」

**2** 答▶1 あなたには兄弟が2人いますが，私にはひとりもいません。
　**2** 彼には兄弟姉妹が何人いますか。──（彼には）兄弟が2人います。

考え方 **1** 否定文の any に注意しておこう。
　**2** 数をたずねる疑問文の主語が3人称・単数になっている。

**3** 答▶1 Does / Yes
　**2** Are / they aren't[they're not]
　**3** Is / she is　**4** Are / they

考え方 **1** 「あなたのお姉〔妹〕さんは学校へ行ってますか」―「はい，行ってます」
　**2** 「彼らは上手な野球の選手ですか」―「いいえ，そうではありません」
　**3** 「この少女はあなたのお姉〔妹〕さんですか」―「はい，そうです」
　**4** 「トムとボブは仲のよい友だちですか」―「はい，そうです」

**4** 答▶1 I do not[don't] see any birds in this picture.
　**2** How many languages do they speak in this country?
　**3** Whose bags are these?
　**4** Tom does not[doesn't] watch TV in

考え方 **1** some を any にかえるのを忘れないように。「私はこの絵〔写真〕の中に鳥が一羽も見えません」
　**2** 下線部は数を表している。なお，この文の they はこの国の「人々」を表している。「この国の人々は何か国語を話しますか」
　**3** 所有者をたずねる文にする。「これらはだれのかばんですか」
　**4** 主語は3人称・単数。「トムは午前中テレビを見ません」

**5** 答▶1 Are they English teachers?
　**2** These dictionaries are not ours.

考え方 **1** ？があるので疑問文に。「彼らは英語の先生ですか」
　**2** ours のあとには名詞が続かないので，These are not ... とはできない。「これらの辞書は私たちのものではありません」

**6** 答▶1 How many pencils do you have? ── I have ten (pencils).
　**2** Does he speak English and French? ── Yes, he does.
　**3** I do not[don't] like her. She does not[doesn't] like me(,) either.

考え方 **1** 答えの文の数のあとの名詞は省略してもよい。
　**2** 主語は3人称・単数。
　**3** 第2文は否定文の「も」である。

## セクション 8 命令文

### ▶▶▶ ポイント確認ドリル　P.65

**1** 答▶(1) Open　(2) listen
　(3) read　(4) go

考え方 (1) 命令文は動詞の原形で始める。「トム，本を開きなさい」
　(2) ていねいな命令文。「私の話を聞いてください」
　(3) 禁止の命令文。「この本を読んではいけません」
　(4) 誘う言い方。Let's のあとに動詞の原形を続ける。「公園へ行きましょう」

**2** (答) (1) あのコンピュータを使いなさい。
(2) このコンピュータを<u>使ってはいけません</u>〔使うな〕。

(考え方)(1) ふつうの命令文。
(2) 禁止の命令文。

**3** (答) (1) Let's play soccer in the park.
(2) Don't open the windows.

(考え方)(1) Let's のあとに動詞の原形が続く。
(2) Don't のあとに動詞の原形が続く。

P.66・67

**1** (答) (1) Read　(2) Don't
(3) play　(4) Don't

(考え方)(1) 動詞の原形に。「この手紙を読んでください」
(2) 〈Don't＋動詞の原形〉の形に。「この公園で野球をしてはいけません」
(3) 「午後テニスをしましょう」
(4) 「本を開いてはいけません」

**2** (答) (1) Let's　(2) right　(3) let's

(考え方)(1) 答えの文の let's に注目する。
(2) All right. や O.K. がよく使われる。
(3) 断るときの表現になる。

**3** (答) (1) Don't, please　(2) Let's play

(考え方)(1) 禁止の命令文。文末に please。
(2) 誘うのは Let's ～.

**4** (答) (1) 今日ここに来てはいけません。明日ここに来なさい。
(2) あなたのまわりの人たちに親切にしてください。

(考え方)(1) 第1文は禁止の命令文。第2文はふつうの命令文。
(2) ていねいな命令文。kind が形容詞なので，Be で始まっている。

**5** (答) (1) Let's sing the song.
(2) Write your name.
(3) Don't walk fast.
(4) Let's look at the map.

(考え方)(1)・(4) Let's のあとに動詞の原形を続ける。「その歌を歌いましょう」
(2) 「あなたの名前を書きなさい」
(3) 「速く歩かないで」 Don't のあとに動詞の原形を続ける。

**6** (答) (1) Let's listen to the music.

(2) Don't read this book, please.
(3) Don't speak Japanese in this room.
(4) Let's play tennis after school. —— Yes, let's.[All right. / O.K.]

(考え方)(1) 「その音楽を聞きましょう」
(2) 「この本を読まないでください」 コンマがあるので，please は文末に置く。
(3) 禁止の命令文になる。
(4) 誘う言い方になる。

## セクション **9**-1 時刻などの言い方①

**▶▶▶ポイント確認ドリル**　P.69

**1** (答) (1) eleven　(2) three fifteen
(3) nine twenty　(4) five thirty
(5) twelve forty

(考え方) ちょうどの時刻は〈数字(＋o'clock)〉，「～時…分」の時刻は～と…の数字を順に並べる。(5)は forty のつづりに注意する。

**2** (答) (1) It　(2) at　(3) in

(考え方)(1) 時刻を表す文の主語は it。「日本では今7時です」
(2) 「～時に」の「に」には at を使う。「私は毎日6時に起きます」
(3) 「午前〔午後/夕方〕に」は, in the morning[afternoon / evening]。「私たちは朝の7時ごろに朝食を食べます」

**3** (答) (1) What time is it now?
(2) I go to bed at ten o'clock.

(考え方)(1) What time のあとは疑問文の語順。
(2) 時刻の前の at に注意する。

P.70・71

**1** (答) (1) It, just　(2) It's, in

(考え方)(1) 「ちょうど」は just。
(2) It is の短縮形 It's を使う。

**2** (答) (1) ウ　(2) エ　(3) イ
(4) ア

(考え方) 答えの文の意味は次の通り。
ア「今は7時でも8時でもありません。9時です」
イ「はい，そうです」
ウ「10時40分です」
エ「私は8時15分に家を出ます」

**3** (答) (1) 私たちの学校は8時45分に始まります。

19

(2) 私は毎日11時ごろに寝ます。

(3) 私の父はたいてい 8 時ごろに帰宅します。

考え方 (1) 主語が 3 人称・単数である。

(2) about の前の at はよく省略される。

(3) usually の位置は一般動詞の前。

**4** 答 (1) What time is it now?

(2) What time do you get up?

(3) What time does Tom leave for school?

(4) Is it seven (o'clock) now?

考え方 (1) 「今 5 時です」→「今何時ですか」

(2) 「6 時30分に起きます」→「あなたは何時に起きますか」

(3) 「トムは 8 時に学校へ出かけます」→「トムは何時に学校へ出かけますか」

(4) 「いいえ，今 7 時ではありません。8 時です」→「今 7 時ですか」

**5** 答 (1) Do you have breakfast at seven o'clock?

(2) It is six thirty in the evening.

(3) Is it eight thirty in Japan now [now in Japan]? —— Yes, it is.

(4) What time do you go to bed? —— I usually go to bed at eleven (o'clock).

考え方 (1) breakfast の前にはふつう a も the もつけない。

(2) in the evening はまとめて覚える。

(3) ふつうは場所を表す語句(in Japan)が時を表す語句(now)よりも先にくる。

(4) 「寝る」の意味の go to bed の bed の前には，a も the もつかない。

**セクション 9 -2 時刻などの言い方②**

▶▶▶ポイント確認ドリル P.73

**1** 答 (順に) Monday, Thursday, Saturday

考え方 曜日名，月名，序数などは基本中の基本なので正確に覚えておこう。

**2** 答 (順に) March, May, July, September, November

**3** 答 (順に) second, third, fifth, eighth, ninth

考え方 序数にはまぎらわしいつづりのものがあるので，本書72ページの表で確認する。

**4** 答 (1) What day is today?

(2) What's the date today?

考え方 (1) 曜日をたずねる疑問文。

(2) 日付をたずねる疑問文。

P.74・75

**1** 答 (1) It (2) fifth

(3) Wednesday (4) day

考え方 (1) 寒暖を表す文の主語は it。「今日はとても暑いです」

(2) 序数に。「5 月は 1 年のうちで 5 番目の月です」

(3) 「水曜日は火曜日のすぐあとに来ます」

(4) date は「日付」の意味。「週の最初の曜日は日曜日です」

**2** 答 (1) day (2) time (3) date

考え方 (1) 「今日は何曜日ですか」—「火曜日です」

(2) 「今何時ですか」—「ちょうど11時です」

(3) 「今日は何月何日ですか」—「1 月20日です。私の誕生日です」

**3** 答 (1) tenth, twentieth

(2) April, October

考え方 (1) 序数が 5 つの間隔。

(2) 月名が 1 つとび。

**4** 答 (1) 今沖縄ではとても暑いです。

(2) 今オーストラリアでは夏ですか，それとも冬ですか。

考え方 (1) 寒暖を表す it。

(2) 季節を表す it。

**5** 答 (1) What's [What is] the date today?

(2) What day is (it) today?

(3) May is the fifth month of the year.

(4) Tomorrow is my twelfth birthday.

考え方 (1) What day of the month is (it) today? としてもよい。

(2) What day of the week is (it) today? としてもよい。

(3) 「5 月は 1 年で 5 番目の月です」

(4) 「明日は私の12回目の誕生日です」序数で「12番目の」は twelfth。

**6** 答 (1) It is not cold today.

(2) Is it summer in your country?

(3) What's [What is] the date today? / What day of the month is (it) today?

—— It's[It is] June (the) ninth.

(4) Is it warm in Tokyo now? —— Yes, it is.

**考え方** (1) 寒暖を表す文の否定文。

(2) 季節を表す文の疑問文。

(3) ninth のつづりに注意。なお，日にちの前に the をつけることもある。

(4) 寒暖を表す文の疑問文。ふつう場所 (in Tokyo)を時(now)よりも先に置く。

**セクション 10-1　How や Wh- で始まる疑問文①**

**▶▶▶ ポイント確認ドリル**　　　　P.77

**1** **答** (1) ウ　(2) ア　(3) ウ

**考え方** (1) 「あなたは何歳ですか」—「私は11歳です」

(2) 「あなたはどのようにして学校へ行きますか」—「私はバスで行きます」

(3) 「お元気ですか〔ご機嫌いかがですか〕」—「元気です，ありがとう」

**2** **答** (1) tall　(2) How / about

**考え方** 答えの文に注目してみよう。

(1) 「あなたの身長はどれくらいですか」—「私は1メートル74センチです」

(2) 「東京の夏の天気はどうですか」—「とても暑いです。あなたの町ではどうですか」—「こちらもとても暑いです」

**P.78・79**

**1** **答** (1) by　(2) about　(3) How　(4) is

**考え方** (1) 交通手段を表すのは by。「ここにはバスで来てください」

(2) How about ～?で「～はどうですか」の意味。「私は犬が好きです。明美，あなたはどうですか」

(3) 年齢をたずねるのは How old。「あなたのおじいさんは何歳ですか」

(4) 主語に合った be 動詞を使う。「あなたのお姉〔妹〕さんの身長はどれくらいですか」

**2** **答** (1) by / to　(2) How, do　(3) How old　(4) are / How

**考え方** (1) 「あなたは自転車通学ですか」—「いいえ，そうではありません。徒歩通学で

す」 walk to ～で「～へ歩いて行く」

(2) 「こちらは新しい友人のフレッドです」—「はじめまして，和子」。

(3) 「あなたの弟さんは何歳ですか」—「3か月です。まだ生まれたばかりの赤ちゃんなんです」

(4) 「今日のご機嫌はいかがですか」—「元気です，ありがとう。あなたはどうですか」—「私も元気です，ありがとう」

**3** **答** (1) ウ　(2) イ　(3) エ　(4) ア

**考え方** (1) 「歩きです」の交通手段。

(2) 「ちょうど60歳です」の年齢。

(3) 「ほんの70センチほどです」の身長。

(4) 「いい天気です」の天候。

**4** **答** (1) How old is Jane?

(2) How does Tom go to school?

(3) How many cars does Mr. Smith have?

(4) How tall is Ms. Nakamura?

**考え方** (1) 「ジェーンは何歳ですか」

(2) 「トムはどうやって学校へ行きますか」

(3) 「スミスさんは何台の車を持っていますか」

(4) 「中村さんの身長はどれくらいですか」

**5** **答** (1) How do you come to school?

(2) I come to school by train.

(3) How tall are you? —— I am[I'm] 150 centimeters tall.

(4) I like the teacher. How about you?

**考え方** (1) How のあとに疑問文の語順を続ける。「～へ来る」は come to ～。

(2) 交通手段を表すのは by。

(3) 150 は数字でも英語でもよい。

(4) 「～はどうですか」は How about ～? How の代わりに What も使われる。

**セクション 10-2　How や Wh- で始まる疑問文②**

**▶▶▶ ポイント確認ドリル**　　　　P.81

**1** **答** (1) Who　(2) Which　(3) Where　(4) When　(5) Whose

**考え方** (1) 「あの少年はだれですか」

(2) 「どちらがあなたの本ですか」

(3) 「あなたの新しい自転車はどこですか」

**(4)** 「あなたの誕生日<u>は</u><u>いつ</u>ですか」

**(5)** 「これは<u>だれの</u>ペンですか」

**2** **答** (1) Where (2) When
(3) Which (4) Who

**考え方** (1) 「あなたはどこに住んでいますか」—「大阪に住んでいます」

(2) 「いつ泳ぎますか」—「夏に泳ぎます」

(3) 「どちらがあなたの本ですか」—「こちらが私の本です」

(4) 「だれがこの部屋をそうじしますか」—「私の姉〔妹〕がします」

**3** **答** (1) Where do you swim?
(2) Which is your bike?

**考え方** (1) Where のあとは疑問文の語順に。
(2) Which bike is yours? と同じ意味。

**P.82・83**

**1** **答** (1) washes (2) is
(3) pencils (4) does

**考え方** (1) 「だれが毎日その車を洗いますか」
(2) birthday は単数。「あなたのお母さんの誕生日はいつですか」
(3) are these から複数の文と考える。「これらはだれのえんぴつですか」
(4) 「彼はどこで英語を勉強しますか」

**2** **答** (1) Which (2) Where
(3) When / before (4) Whose

**考え方** (1) 「どちらがあなたのえんぴつですか」—「この長いえんぴつが私のです」
(2) 「あなたはどこでテニスをしますか」—「公園でテニスをします」
(3) 「あなたはいつテレビを見ますか」—「夕食後にテレビを見ます。夕食前にテレビは見ません」
(4) 「これはだれのノートですか」—「私のノートです」

**3** **答** (1) イ (2) ウ (3) エ
(4) ア

**考え方** (1) 「だれがあの家に住んでいますか」—「ジェーンが住んでいます」
(2) 「ジェーンはどこに住んでいますか」—「彼女はロンドンに住んでいます」
(3) 「ジェーンはいつ自分の部屋をそうじしますか」—「毎日です」

**(4)** 「どちらがジェーンの家ですか」—「あの大きな家です」

**4** **答** (1) Which is your pen?
(2) Where does Tom watch TV?
(3) Who opens the windows every morning?
(4) When do they do their homework?

**考え方** (1) 「どちらがあなたのペンですか」
(2) 「トムはどこでテレビを見ますか」
(3) 「だれが毎朝窓を開けますか」
(4) 「彼らはいつ宿題をしますか」 もとの文の do は一般動詞。疑問文の最初の do は疑問文を作るための do で，あとの do は一般動詞の do になる。

**5** **答** (1) Which is your new house?
(2) Where does your aunt live?
(3) Who walks to school? —— I do.
(4) When does Jane help her mother?

**考え方** (1) Which house で始めると，あとが is your new で正しい文ができない。
(2) Where のあとは疑問文の語順に。
(3) Who は3人称・単数扱い。
(4) When のあとは疑問文の語順に。

**セクション 11 -1** **現在進行形の文①**

**▶▶▶ ポイント確認ドリル** P.85

**1** **答** (1) playing (2) helping
(3) coming (4) studying
(5) swimming (6) making
(7) writing (8) running

**考え方** (1)・(2)・(4) ing をつけるだけ。
(3)・(6)・(7) e をとって ing。
(5)・(8) 最後の子音字を重ねて ing。

**2** **答** (1) am (2) are (3) We
(4) He's

**考え方** 主語と be 動詞の関係を考える。
(1) 「私は野球の試合を見ています」
(2) 「彼らはいっしょに公園を歩いています」
(3) 「私たちは今その車を洗っています」
(4) 「彼は今数学を勉強しています」

**3** **答** (1) She is playing in the park.
(2) I am not studying now.

　　　(2) 否定文は be 動詞のあとに not。

**P.86・87**

**1** 答 (1) writing　　(2) I am[I'm]
　　(3) isn't[is not]　　(4) listening

考え方 ❗ (1) write は writing になる。「トムは今手紙を書いています」
　　(2) I'm に be 動詞が含まれている。「私は今英語を勉強しています」
　　(3) helping があるので，現在進行形の否定文に。「彼は今お母さんを手伝っていません」
　　(4) are があるので，現在進行形に。「私たちは今音楽を聞いています」

**2** 答 (1) playing　　(2) reading
　　(3) sitting　　(4) cooking

考え方 ❗ (1) 「私は今ギターを弾いています」
　　(2) 「彼は今雑誌を読んでいます」
　　(3) 「彼女は今いすにすわっています」
　　(4) 「彩は今昼食を料理しています」

**3** 答 (1) are running　　(2) not swimming

考え方 ❗ (1) 主語が複数なので are。run は n を重ねる。
　　(2) 否定文は be 動詞のあとに not。

**4** 答 (1) 私は毎日夕食後にテレビを見ます。
　　(2) 私は今居間でテレビを見ています〔見ているところです〕。

考え方 ❗ (2) 現在進行形の文。

**5** 答 (1) He is[He's] reading the story now.
　　(2) I am[I'm] doing my homework now.
　　(3) They are not[They aren't / They're not] studying English.
　　(4) Helen is not[isn't] making breakfast.

考え方 ❗ (1) 「彼は今その物語を読んでいます」
　　(2) 「私は今宿題をしています」
　　(3) are のあとに not。「彼らは英語を勉強していません」
　　(4) is のあとに not。「ヘレンは朝食を作っていません」

**6** 答 (1) Tom is running very fast.
　　(2) I am not speaking Chinese.
　　(3) Jiro and Kazuko are walking in the park.

(4) He is not[He isn't / He's not] laughing. He is[He's] crying.

考え方 ❗ (1)・(2) まず主語と be 動詞を探す。
　　(3) 主語が複数で be 動詞は are を使う。
　　(4) laugh, cry ともに ing をつけるだけ。

セクション **11**-2 **現在進行形の文②**

**▶▶▶ ポイント確認ドリル**　　P.89

**1** 答 (1) Is　　(2) Are　　(3) Am
　　(4) Are

考え方 ❗ 主語に合わせて be 動詞を使い分ける。
　　(1) 「彼女は自分の部屋でテレビを見ているのですか」
　　(2) 「あなたは今夕食を料理していますか」
　　(3) 「私は歩いていますか，それとも走っていますか」
　　(4) 「彼らは今宿題をしていますか」

**2** 答 (1) Who　　(2) Where　　(3) What
　　(4) doing

考え方 ❗ 疑問詞の意味を整理しておこう。
　　(1) 「大きな犬と歩いているのはだれですか」
　　(2) 「彼らはどこでサッカーをしていますか」
　　(3) 「あなたは何を書いていますか」
　　(4) 「あなたは何をしているところですか」　doing は一般動詞 do の ing 形。

**3** 答 (1) Are you running with Tom?
　　(2) What are you making?

考え方 ❗ (1) 〈Are＋主語＋〜ing ...?〉にあてはめて考える。
　　(2) 疑問詞のあとは疑問文の語順にする。What は making の目的語になる。

**P.90・91**

**1** 答 (1) Are　　(2) are　　(3) doing
　　(4) Are

考え方 ❗ (1) 主語は複数なので are を使う。「健と純子は海で泳いでいますか」
　　(2) they に合う be 動詞は are。「彼らはどこでテレビを見ていますか」
　　(3) do の ing 形は doing。「あなたはここで何をしているのですか」
　　(4) you に合う be 動詞は are。「あなた

は私(の言ってること)を聞いています
か」 この表現は注意散漫な相手を非難
するときによく使われる。

**2** (答)(1) I'm[We're] studying
(2) Is　(3) we are
(4) Who / are / They're

(考え方❗)(1) 「あなた(たち)は何を勉強している
ところですか」―「私(たち)は数学を勉強
しているところです」
(2) 「明美は台所で働いていますか」―
「はい，働いています」
(3) 「あなたとお兄〔弟〕さんはお母さん
を手伝っているところですか」―「はい，
そうです」
(4) 「だれがプールで泳いでいますか」―
「トムとジムです。彼らはとても速く泳
いでいます」 最後の空所には They are
の短縮形が入る。

**3** (答)(1) イ　(2) エ　(3) ウ
(4) ア

(考え方❗)(1) 「あなたは数学を勉強しているので
すか，それとも英語を勉強しているので
すか」―「私は数学を勉強しています」
(2) 「あなたはその CD を聞いていると
ころですか」―「はい，そうです」
(3) 「あなたは何を食べているのですか」
―「サンドイッチを食べています」
(4) 「あなたたちはどこで遊んでいます
か」―「私たちは公園で遊んでいます」

**4** (答)(1) Are you singing an American
song?
(2) Are they running in the garden?
(3) Who is[Who's] cooking in the
kitchen?
(4) What is Tom doing?

(考え方❗)(1) You are singing an American
song. を疑問文にする。「あなたはアメリ
カの歌を歌っているのですか」
(2) They are running in the garden.
を疑問文にする。「彼らは庭を走ってい
るのですか」
(3) 下線部を「だれが」の意味の Who に
して疑問文を作る。「だれが台所で料理

をしていますか」
(4) 「トムは何をしていますか」という文
を作る。

**5** (答)(1) Are you watching TV now?
(2) What are you doing here?
(3) Is he doing his homework? ――
Yes, he is.
(4) What is he making? ―― He is[He's]
making a doghouse.

(考え方❗)(1) 現在進行形の疑問文。主語は you に
なるので，are で始まる疑問文になる。
(2) What で始まる現在進行形の疑問文
になる。この表現は「そんなことはするな」
と相手を非難するのにもよく使われる。
(3) He is doing his homework. を疑問
文にする。
(4) What で始まる現在進行形の疑問文
に。What のあとは疑問文の語順に。答
えの文の主語は補って考えよう。

## まとめのテスト⑤　P.92・93

**1** (答)1 ア　2 イ　3 イ
4 イ　5 ア　6 イ

(考え方❗)1 命令文は動詞の原形で始める。「こ
こにあなたの名前を書きなさい」
2 天候を表す文の主語は it。「今日は
晴れです」
3 am があるので現在進行形の文。「私
は今英語を勉強しています」
4 ten は複数を表す。「私の妹〔姉〕は10
歳です」
5 否定の命令文にはDon't を使う。「そ
のドアを開けてはいけません」
6 時刻の前は at。「私は10時に寝ます」

**2** (答)1 私の辞書にさわらないでください。
2 私はあの絵〔写真〕が好きです。あなたは
どうですか。

(考え方❗)1 ていねいな否定の命令文になる。
2 How about ～? で「～はどうですか」。

**3** (答)1 How　2 day　3 time
4 Where

(考え方❗)1 「あなたはどのようにして学校に行
きますか」―「バスで学校に行きます」

24

2 「今日は何曜日ですか」—「木曜日です」

3 「今何時ですか」—「7時です」

4 「あなたのお姉〔妹〕さんはどこに住んでいますか」—「仙台に住んでいます」

**4** 答 1 Let's walk to school.

2 How tall is Junko?

3 Is it Sunday today? [Is today Sunday?]

4 Ken washes the car every day.

考え方 1 〈Let's＋動詞の原形 〜.〉の形に。「歩いて学校へ行きましょう」

2 身長をたずねる文に。「純子の身長はどれくらいですか」

3 「今日は日曜日ですか」という疑問文を作る。

4 every day にかえることで，現在の習慣を表す現在形の文になる。「健は毎日その車を洗います」

**5** 答 1 Who is walking with him?

2 Where is the boy reading the book?

考え方 1 Who で始まる現在進行形の疑問文。「彼と歩いているのはだれですか」

2 Where で始まる現在進行形の疑問文。「その少年はどこでその本を読んでいますか」

**6** 答 1 Don't go to school today. It is[It's] Sunday today. [Today is Sunday.]

2 Are you watching TV or playing the game? —— I am[I'm] watching TV.

考え方 1 第1文は禁止の命令文。曜日は解答例に示したように，it を使わない言い方もある。

2 現在進行形に or を使った疑問文。

## まとめのテスト⑥ P.94・95

**1** 答 1 ア 2 ア 3 イ 4 ア

考え方 1 be動詞がないので進行形ではない。「だれが上手にピアノを弾きますか」

2 Let's のあとには動詞の原形。「公園に行きましょう」

3 「2番目の」の意味の語に。「2月は1年のうちで2番目の月です」

4 watching があるので現在進行形の否定文。「彼らは今テレビを見ていません」

**2** 答 1 私たちの学校は8時30分〔半〕に始まって，3時30分〔半〕に終わります。

2 彼は歩いているのではありません。彼はゆっくりと走っているのです。

考え方 1 時刻の前の at に注意しておこう。

2 第1文は現在進行形の否定文。

**3** 答 1 it 2 date 3 Which
4 When 5 How old

考え方 1 天候を表す it。「今日はくもっていますか」—「はい，くもっています」

2 「今日は何月何日ですか」—「4月30日です」

3 「どちらがあなたのかさですか」—「こちらのが私のです」

4 「あなたたちはいつフットボールをしますか」—「放課後にします」

5 「あなたのおばあさんは何歳ですか」—「68歳です」

**4** 答 1 Get up early every morning.

2 What time does he go to bed?

3 Is he swimming in the river?

4 What are they doing in the park?

考え方 1 主語をとり，動詞の原形で始める。「毎朝早く起きなさい」

2 時刻をたずねる文に。「彼は何時に寝ますか」

3 現在進行形には be 動詞が使われることを忘れないように。「彼は川で泳いでいますか」

4 tennis ではなく，playing tennis に下線があるので「彼らは公園で何をしていますか」という文を作る。

**5** 答 1 Come to my house at nine tomorrow.

2 Let's leave here about seven o'clock.

考え方 1 命令文。「明日9時に私の家に来なさい」。特に強調する以外は tomorrow は文末に置く。

2 誘う文。「7時ごろにここを出発しましょう」

25

**6** 答▶1 When <u>does school</u>[do schools] start[begin] in Japan?
—— It starts[begins] [They start[begin]] in April.
2 What time do you usually have[eat] breakfast? —— I have[eat] breakfast (at) about seven (o'clock).

考え方⚠️ 1 「いつ」と時をたずねるのはwhenで、このあとに疑問文の語順を続ける。
2 「いつもは，たいていは」はusually。「何時に」という時刻をたずねるのは what time。このあとに疑問文の語順を続ける。答えの文で at を使う場合は about の前に置く。

セクション **12** -1 **can の文①**

▶▶▶ ポイント確認ドリル　　　P.97

**1** 答▶(1) can　(2) swim
(3) cannot[can't]
(4) cannot[can't] speak

考え方⚠️ (1)・(2)は肯定文、(3)・(4)は否定文になる。いずれも主語に関係なく〈can[cannot]＋動詞の原形〉の形になる。

**2** 答▶(1) 話すことができますが〔話せますが〕，話すことができません〔話せません〕
(2) 話すことができます〔話せます〕，も話すことができます〔も話せます〕
(3) 話すことができません〔話せません〕，も話すことができません〔も話せません〕

考え方⚠️ (1) 前半は肯定文で，後半は否定文。
(2) 文末の too は Chinese にかかる。
(3) 否定文の either であることに注意。

P.98・99
**1** 答▶(1) sing　(2) can　(3) play
(4) cannot[can't]

考え方⚠️ 〈can[cannot]＋動詞の原形〉の形にあてはめて考える。
(1) 「私はその新しい歌を歌うことができます」
(2) 「トムは日本語を上手に話すことができます」
(3) 「ジェーンはバイオリンを弾くことができます」

(4) 「恵子は今日ここに来ることができません」

**2** 答▶(1) use　(2) swimming
(3) walk　(4) watch

考え方⚠️ (1) 「私はこの新しいコンピュータを使えません」 can't のあとは原形。
(2) 「私は今，川で泳いでいます」 現在進行形の文。
(3) 「私は今日歩いて学校へ行くことができません」 walk to ～で「～へ歩いて行く」の意味。
(4) 「夕食後にテレビを見ることができます」

**3** 答▶(1) can cook
(2) cannot[can't] read

考え方⚠️ (1) 主語が3人称・単数でも can やそのあとに続く動詞にsがつくことはない。
(2) can の否定文になる。

**4** 答▶(1) この国では人々は英語を話しています〔話します〕。
(2) 私は夢の中だけで上手に英語を話すことができます。

考え方⚠️ (2) 「～(することが)できる」という可能の意味がわかるような日本語にする。

**5** 答▶(1) We can see stars at night.
(2) My brother can drive a car.
(3) Helen cannot[can't] play the guitar well.
(4) Tom cannot[can't] ride a horse.

考え方⚠️ (1) 「夜には星を見ることができます」
(2) can やそれに続く動詞の形に変化はない。「兄〔弟〕は車を運転できます」
(3) 否定文でも動詞などに変化はない。「ヘレンは上手にギターを弾けません」
(4) 「トムは馬に乗ることができません」

**6** 答▶(1) He can write letters in English.
(2) You can't play here after school.
(3) My father can speak English and French.
(4) Bob can speak Japanese, but he cannot[can't] write it.

考え方⚠️ (1) 動詞の前に can を置く。
(2) 否定文になる。動詞の前に can't。
(3) English and French が speak の目

的語になる。

(4) 後半は否定文になる。

▶▶▶ ポイント確認ドリル　　　　P.101

**1** 答▶(1) Can　(2) he
(3) Can　(4) Can she

考え方 can の疑問文は can を主語の前に出す。
(1) 「あなたは速く走れますか」
(2) 「彼はコンピュータが使えますか」
(3) 「トムは日本語が話せますか」
(4) 「彼女は泳げますか」

**2** 答▶(1) イ　(2) ウ

考え方 基本的に can の疑問文には can を使って答える。
(1) 「あなたはこの本が読めますか」―「はい，読めます」
(2) 「今日ここにだれが来ることができますか」―「私です」

**3** 答▶(1) Can you play soccer well?
(2) What can you cook?

考え方 (1) 〈Can＋主語＋動詞の原形～?〉にあてはめる。
(2) What のあとに疑問文の語順が続く。

P.102・103

**1** 答▶(1) you　(2) I

考え方 (1) Can you ～? で依頼を表すことがある。
(2) Can I ～? で許可を求める言い方になることがある。

**2** 答▶(1) Can / Yes　(2) Can / play
(3) Who / can　(4) What / can

考え方 (1) 「この絵〔写真〕の中に鳥が見えますか」―「はい，見えます。きれいですね」
(2) 「あなたはピアノかフルートを演奏できますか」―「フルートを演奏できます」
(3) 「だれがこの英語の歌を歌えますか」―「私の姉〔妹〕が歌えます」
(4) 「昼食に何が作れますか」―「サンドイッチを作ることができます」

**3** 答▶(1) エ　(2) ア　(3) ウ　(4) イ

考え方 質問文の意味は次の通り。

(1) 「あなたはこの語を読むことができますか」
(2) 「私は明日どこであなたに会えますか」
(3) 「私はいつあなたに会えますか」
(4) 「あなたはどちらの歌を歌えますか」

**4** 答▶(1) Can you play the piano well?
(2) Can Tom ride a horse?
(3) Who can come to the party?
(4) How many boys can you see there?

考え方 (1) 「あなたは上手にピアノが弾けますか」
(2) 「トムは馬に乗れますか」
(3) 「だれがパーティーに来ることができますか」
(4) 「何人の少年がそこに見えますか」

**5** 答▶(1) Can your sister ride a bike?
(2) When can I see your parents?
(3) Can you walk to school? ―― Yes, I can.
(4) Where can we see the strange animal(s)?

考え方 (1) Your sister can ride a bike. を疑問文にしたもの。
(2) When のあとに疑問文の語順を続ける。parent は複数形で「両親」の意味になることも覚えておこう。
(3) ふつうの can の疑問文。
(4) Where のあとは疑問文の語順。

▶▶▶ ポイント確認ドリル　　　　P.105

**1** 答▶(1) イ　(2) エ

考え方 会話表現には決まり文句になっているものがある。このまま覚えておこう。

**2** 答▶(1) sorry　(2) welcome
(3) me　(4) matter

考え方 (1) 「すみません」の意味。
(2) これも決まり文句。
(3) Excuse me のあとに，but を置いて文を続けることも多い。
(4) 同じ意味の What's wrong? の wrong は形容詞なので the はつかない。

**1** (答)(1) have　(2) help
(3) How　(4) you are

(考え方)(1) 電話をかけてきた相手に向かってい
う言葉であることを確認しておこう。
(2) Can の代わりに May も使われる。
(3) What だと「あなたは何者ですか」の
意味になってしまう。
(4) 同じ意味で Here it is. も使う。

**2** (答)(1) thank　(2) much
(3) for / about / Thank　(4) get / can

(考え方)(1) ていねいに断る表現。
(2) 値段をたずねる表現。
(3) look for ～で「～を探す」。How
about ～? で「～はいかがですか」。
(4) get to ～で「～へ着く」。walk there
～で「～そこへ歩いて行く」。

**3** (答)(1) How is your father?
(2) What's the matter with you?
(3) This is his brother speaking.
(4) I'm looking for a new T-shirt.

(考え方)(1) 主語が your father なので be 動詞
も is になる。
(2) この文の with は「～に関して」の意。
(3) かかってきた電話に出たのが，相手
が話したい人の兄弟の場合の表現。
(4) 店で買い求めたいものを for のあと
に続ければよい。

**4** (答)(1) How about this white skirt?
(2) How much is that new computer?
(3) That's[It's] too bad.
(4) Thank you very[so] much.

(考え方)(1) 〈this＋形容詞＋名詞〉の語順にも注
意しておこう。
(2) 値段は How much で聞く。
(3) That's の代わりに It's もよく使う。
(4) Thank you. を強めた表現。

---

**セクション 14 -1　過去の文[一般動詞]①**

**▶▶▶ ポイント確認ドリル**　P.109

**1** (答)(1) played　(2) helped
(3) wrote　(4) used　(5) stopped
(6) studied　(7) carried

(8) got　(9) took　(10) put

(考え方)(1)・(2) ed をつけるだけ。
(6)・(7) y を i にかえて ed をつける。
(4) d だけをつける。
(5) 最後の子音字を重ねる。
(3)・(8)・(9)・(10) 不規則動詞。

**2** (答)(1) washed　(2) likes
(3) made　(4) yesterday　(5) came

(考え方)(1) yesterday があるから過去形に。「昨
日その車を洗いました」
(2) 前半が現在形なので，後半も現在形。
「私は犬が好きで，彼女も犬が好きです」
(3) last night があるので過去形に。「彼
は昨夜夕食を作りました」
(4) watched が過去形であることに注
意。「彼女は昨日その試合を見ました」
(5) last month があるので過去形に。「ト
ムは先月日本に来ました」

**1** (答)(1) studied　(2) dropped
(3) came　(4) lived

(考え方)(1) 過去形に。「私は昨日一生けんめい
英語を勉強しました」
(2) 最後の子音字を重ねる。「私は先週
その花びんを落としてしまいました」
(3) come の過去形は came。「トムは昨
夜私の家に来ました」
(4) d だけをつける。「私たちは昨年ロン
ドンに住んでいました」

**2** (答)(1) ○　(2) ×　(3) ○
(4) ×

(考え方)(1) どちらも[t]。　(2) [id]と[d]。
(3) どちらも[id]。　(4) [id]と[t]。

**3** (答)(1) 私は昨日11時に窓を閉めました。
(2) 林さんは10年前にこの本を書きました。

(考え方) それぞれの副詞(句)にも注意しておこう。

**4** (答)(1) went　(2) saw
(3) studied　(4) came
(5) read　(6) did

(考え方) いずれの動詞も過去形になる。
(1) 「私は昨日公園へ行きました」
(2) 「私は昨夜あなたのお父さんを見か
けました」　see の過去形は saw。

(3) 「私は先週一生けんめい数学を勉強しました」

(4) 「彼女は5日前に私の家に来ました」

(5) 「私は昨年その物語を読みました」
read の過去形は同じつづりの read。

(6) 「私はこの前の日曜日に宿題をしました」 do の過去形は did。

**5** **答** (1) I got up early yesterday.
(2) He ate bread for lunch last Monday.
(3) He had a big house ten years ago.
(4) He reads the interesting book.

**考え方** (1) get の過去形は got。「私は昨日早く起きました」
(2) 特に強調する以外は，副詞（句）は文末に置く。eat の過去形は ate。「彼はこの前の月曜日に昼食にパンを食べました」
(3) has[have]の過去形は had。「彼は10年前には大きな家を持っていました」
(4) 過去形の read の発音に注意しておこう。現在形で主語が3人称・単数なので，s がつく。「彼はそのおもしろい本を読みます」

**6** **答** (1) Ken went to the zoo yesterday.
(2) I took some pictures in Nara.
(3) My uncle lived in Nagasaki ten years ago.
(4) My sister went to bed at eleven (o'clock) yesterday.

**考え方** (1) 主語は Ken。
(2) 主語は I。
(3) 「〜に住む」は live in 〜。
(4) go to bed の go を過去形にする。

## セクション 14 -2 過去の文［一般動詞］②

**▶▶▶ ポイント確認ドリル** P.113

**1** **答** (1) did (2) didn't (3) Did
(4) study

**考え方** 否定文の基本形は〈主語＋did not[didn't]＋動詞の原形 〜.〉で，疑問文の基本形は〈Did＋主語＋動詞の原形〜?〉になる。
(1) 「私は野球をしませんでした」

(2) 「私はその車を洗いませんでした」

(3) 「彼はお母さんを手伝いましたか」

(4) 「彼女は英語を勉強しましたか」

**2** **答** (1) did (2) didn't (3) Who

**考え方** (1) 「あなたはパーティーに行きましたか」―「はい，行きました」
(2) 「あなたはその本を読みましたか」―「いいえ，読みませんでした」
(3) 「だれがその箱を開けましたか」―「私が開けました」

**3** **答** (1) He didn't eat the apple.
(2) Did you live in Tokyo?

**考え方** 否定文・疑問文の基本形にあてはめて考えてみよう。

P.114・115

**1** **答** (1) didn't[did not]
(2) didn't[did not] (3) come
(4) do

**考え方** (1) 「私は去年魚が好きではありませんでした」
(2) 「彼は昨日その手紙を書きませんでした」
(3) 「彼女は私の家に来ませんでした」 didn't のあとは原形。
(4) 「私は昨日宿題をしませんでした」 「する」の意味の動詞の原形は do。

**2** **答** (1) Did / No (2) did / got
(3) What / studied
(4) Which / ate

**考え方** (1) 「あなたはこの写真を撮りましたか」―「いいえ，撮りませんでした」
(2) 「あなたは今朝早く起きましたか」―「はい，起きました。私は今日は5時に起きました」
(3) 「あなたは今日は何を勉強しましたか」―「今日は英語と理科を勉強しました」
(4) 「トムはどちらのケーキを食べましたか」―「大きいのを食べました」

**3** **答** (1) エ (2) ア (3) ウ
(4) イ

**考え方** (1) 「いつ野球をしましたか」―「昨日しました」

(2) 「昨日野球をしましたか」―「はい，しました」

(3) 「どこで野球をしましたか」―「公園でしました」

(4) 「何人の少年が野球をしましたか」―「20人ほどの少年がしました」

**4** （答）(1) She did not[didn't] write the long letter.

(2) I did not[didn't] have any friends in America.

(3) Did the boy make the doghouse?

(4) Who went to Korea last year?

（考え方）(1) 「彼女はその長い手紙を書きませんでした」 didn't のあとに原形。

(2) 「私はアメリカに友だちがひとりもいませんでした」 some は否定文では any に。

(3) 「その少年がその犬小屋を作ったのですか」 Did を文頭に。

(4) 「だれが昨年韓国に行きましたか」 Who を文頭に置いて，主語として使う。

**5** （答）(1) He didn't watch TV last night.

(2) What did you see in the park?

(3) Jane did not[didn't] help her mother this morning.

(4) Did you see the movie? ―― Yes, I did.

（考え方）(1) 過去の否定文になる。

(2) What のあとは疑問文の語順。

(3) did not[didn't]のあとには原形。

(4) 「映画を見る」は see a movie。see の代わりに watch を使うこともある。テレビで映画を見る場合には watch がよく使われる。

**セクション⑮ 過去の文[be 動詞]**

**▶▶▶ ポイント確認ドリル**　　　P.117

**1** （答）(1) was　(2) were　(3) is
(4) was　(5) are

（考え方）(1) 主語が I で，過去の文なので was。

(2) 主語が複数で，過去の文なので were。

(3) 前半に I'm busy と現在形があり，also や now があるので，後半も現在形。

(4) 主語が3人称・単数で，過去の文なので was。

(5) 主語は「山田夫妻」で複数になり，now があるので現在形。

**2** （答）(1) not　(2) wasn't　(3) Were
(4) Was

（考え方）(1) be 動詞 were のあとに not。

(2) was not の短縮形 wasn't を使う。

(3)・(4) be 動詞を主語の前に出す。

**3** （答）(1) I was in the gym yesterday.

(2) Were you free yesterday afternoon?

（考え方）(1) be 動詞 was のあとに場所を表す語句を続ける。

(2) You were free ...を疑問文にする。be 動詞 were を主語 you の前に出す。

**P.118・119**

**1** （答）(1) were　(2) was not[wasn't]

(3) wasn't[was not]

(4) weren't[were not]　(5) were

（考え方）(1) are の過去形は were。

(2) was のあとに not。

(3) She には was を使う。

(4) You には were を使う。

**2** （答）(1) was in　(2) Was / was

(3) When　(4) What

（考え方）(1) 「あなたは先週秋田にいましたか，それとも青森にいましたか」―「私は秋田にいました」

(2) 「その少年は昨日あなたに親切でしたか」―「はい，親切でした」

(3) 「彼らはいつロンドンにいましたか」―「彼らはそこに4月にいました」

(4) 「そのときその箱には何が入っていましたか」―「大きなリンゴが1個入っていました」

**3** （答）(1) イ　(2) ウ
(3) ア　(4) エ

（考え方）(1) イ 「暖かくていい天気でした」

(2) ウ 「2人は東京にいました」

(3) ア 「とてもおいしかったです」

(4) エ 「彩がいました」

**4** （答）(1) Kate was in Osaka last week.

(2) They were not[weren't] in the

gym yesterday.

(3) Were you and Tom in the same class last year?

(4) Where was Jane an hour ago?

考え方 書きかえた文の意味は次の通り。
(1)「ケイトは先週大阪にいました」
(2)「彼らは昨日体育館にいませんでした」
(3)「あなたとトムは昨年同じクラスでしたか」
(4)「1時間前ジェーンはどこにいましたか」

**5** 答 (1) Was the story long or
(2) The tree was not so tall five years

考え方 (1) Wasで始まるorのある疑問文にする。
(2) 主語をまずThe treeと見定める。このあとにwasを続ける。soは形容詞tallの前に使う。否定文では「それほど，そんなに」の意味になる。

**6** 答 (1) Were you in the library this morning? — Yes, I was.
(2) He was not[wasn't] a soccer player last year.

考え方 (1) be動詞を主語youの前に出す。答の文の主語はIになる。
(2) be動詞のあとにnotを入れる。this morningやlast yearなどの副詞(句)は特に強調する以外は文末に置いて使う。

## セクション 16　過去進行形の文

▶▶▶ポイント確認ドリル　P.121

**1** 答 (1) looking (2) watching
(3) were (4) were (5) were

考え方 いずれも過去進行形の文。be動は主語の合わせてwasとwere使い分ける。それぞれ次の意味になる。
(1)「私はその絵〔写真〕を見ていました」
(2)「彼はテレビで野球を見ていました」
(3)「彼らは公園を歩いていました」
(4)「何人かの人たちが駅の近くに立っていました」
(5)「私たちはそのとき台所で皿を洗っていました」

**2** 答 (1) not (2) wasn't (3) Were

(4) playing

考え方 (1) be動詞wereのあとにnot。
(2) was notの短縮形wasn'tを使う。
(3)・(4) be動詞が主語の前に出る形になる。

**3** 答 (1) I was not reading this book.
(2) Were you studying in the library?

考え方 (1) be動詞wasのあとにnot。「この本を読む」= read this book。
(2) You were studying in the library. を疑問文にしたもの。be動詞wereを主語youの前に出す。

P.122・123

**1** 答 (1) listening (2) wasn't[was not]
(3) were (4) helping (5) doing

考え方 (1)「私はそのとき音楽を聞いていました」
(2)「彼はそのときピアノを弾いていませんでした」
(3)「そのときその2人の少年は泳いでいました」
(4)「彼女はお母さんを手伝っていませんでした」
(5)「私たちはそのとき宿題をしていました」

**2** 答 (1) Were (2) she wasn't
(3) What / was (4) Who / were

考え方 (1)「あなたはこの本を読んでいたのですか」—「はい，読んでいました」
(2)「あなたのお姉さん〔妹さん〕はそのときケーキを作っていたのですか」—「いいえ，作っていませんでした」
(3)「あなたはそのとき何を勉強していたのですか」—「私は英語を勉強していました」
(4)「だれがプールで泳いでいましたか」—「奈菜と明美が泳いでいました」

**3** 答 (1) ウ (2) ア (3) エ (4) イ

考え方 (1) ウ 「はい，そうです」
(2) ア 「私の父が使っていました」
(3) エ 「彼はこの赤いのを使っていました」
(4) イ 「彼はそれを自分の部屋で使っていました」

**4** 答▶(1) I was looking for my key.

(2) He was not[wasn't] sleeping in his room.

(3) Were they having lunch together?

(4) What was Helen reading then?

考え方❗️(1) 「私は鍵を探していました」 主語がIなので，was を使う。

(2) 「彼は自分の部屋で眠っていませんでした」

(3) 「彼らはいっしょに昼食を食べていましたか」

(4) 「ヘレンはそのとき何を読んでいましたか」 下線部は「物」を表しているので，疑問詞は what になる。

**5** 答▶(1) I was walking my dog in the

(2) What were you doing here?

考え方❗️(1) まず，主語，be 動詞，～ing を確認する。この文の walk の意味にも注意する。

(2) What のあとに過去進行形の疑問文の語順を続ける。

**6** 答▶(1) I was not[wasn't] reading this magazine then[at that time].

(2) Where were you playing baseball this morning?

考え方❗️(1) 過去進行形の否定文。was のあとに not。was not の短縮形 wasn't を使ってもよい。「そのとき」は at the time でもよい。

(2) 「どこで」の Where のあとに過去進行形の疑問文の語順を続ける。

**セクション⑰ There is[are] ～.の文**

▶▶▶ ポイント確認ドリル　P.125

**1** 答▶(1) is　(2) are

(3) is　(4) is　(5) are

考え方❗️ あとに続く名詞が単数なら is を，複数なら are を使う。

(1) 「机の上にえんぴつが1本あります」

(2) 「机の上に本が2冊あります」

(3) 「テーブルの上にオレンジが1個あります」

(4) 「木の下に犬が1匹います」

(5) 「この家にはたくさんのネコがいます」

次の a にひかれて is としないように。a lot of ～は「たくさんの～」の意味になる。

**2** 答▶(1) not　(2) are　(3) Is

(4) there

考え方❗️(1) be 動詞 is のあとに not。

(2) be 動詞 are は not の前。

(3)・(4) be 動詞が there の前に出る形になる。

**3** 答▶(1) There are three students in the classroom.

(2) Is there a library in this town?

考え方❗️(1) 「3人の生徒」は複数なので，There are の形にして，three students を続ければよい。

(2) library が単数なので，There is の疑問文にする。

P.126・127

**1** 答▶(1) under　(2) on

(3) in　(4) on

考え方❗️(1) 「～の下に」は under。

(2) 「～の上に」は on。

(3) 「～の中に，～に」は in。

(4) 「(接触状態で)～に」は on。例えば「天井に」でも，on the ceiling とする。(ceiling は「天井」の意味)

**2** 答▶(1) are　(2) was

考え方❗️(1) seven days が複数なので，are を使う文になる。

(2) had と過去形で，a concert が単数なので，was を使う文になる。

**3** 答▶(1) ウ　(2) ア

(3) エ　(4) イ

考え方❗️(1) ウ 「はい，いくつかあります」

(2) ア 「はい，ありました」

(3) エ 「10冊あります」

(4) イ 「新しいコンピュータがあります」

**4** 答▶(1) There is not[isn't] a table in this room.

(2) There are not[aren't] any balls in the bag.

(3) Are there any cups on the table?

(4) How many birds are there in the

cage?

考え方❗ 書きかえた文の意味は次の通り。
(1) 「この部屋にテーブルはありません」
(2) 「そのかばんにボールは1個も入っていません」 否定文では some を any にかえる。not any ～で「1つも〔1人も〕～ない」の意味を表すことも覚えておこう。
(3) 「テーブルの上にカップが（いくつか）ありますか」 疑問文でも some はふつう any にかえる。
(4) 「鳥かごに何羽の鳥がいますか」 下線部は数を表しているので，How many の疑問文になる。

**5** 答 (1) There was an old house near
(2) Are there many animals in

考え方❗ (1) was があるので過去の文になる。「～の近くに」は near ～。
(2) まず，疑問文になることに注意する。There are many animals ...を疑問文にしたものになる。

**6** 答 (1) There are twenty [20] teachers in our school.
(2) How many balls are there in the box?

考え方❗ (1) twenty teachers が複数なので，There are の文になる。
(2) 数をたずねるので How many を使い，このあとに疑問文の語順を続ける。

### セクション 18 動詞を使う表現

▶▶▶ ポイント確認ドリル  P.129

**1** 答 (1) watch  (2) reading
(3) playing  (4) cook  (5) eating

考え方❗ (1) 「私は今テレビを見たい」 want to のあとには動詞の原形を続ける。
(2) 「私たちはその本を読んで楽しみました」 enjoy ～ing で「～して楽しむ」。
(3) 「健は野球をするのが得意です」 be good at ～ing で「～するのが得意〔上手〕だ」。
(4) 「彼は今日料理をしたくありません」 want to の否定文になる。
(5) 「私たちは全員リンゴを食べるのが

好きです」 to eat も英語としては正しいが，「1語」という指定があるので～ing 形にする。

**2** 答 (1) あなたは海で泳ぐのが好きですか。
(2) 彼女は今日とても疲れているように見えます。

考え方❗ (1) like to ～で「～することが好き」の意味。like の目的語には to ～と～ing の両方使うことができるが，一般的に「～することが好き」には like ～ing とすることが多い。like to ～は前後関係から「～したい」の意味を表すこともある。
(2) look のあとに続く形容詞に very がついた形。

**3** 答 (1) Do you want to buy this book?
(2) Do you like running in the park?

考え方❗ (1) want to ～の疑問文。buy が動詞の原形になる。
(2) like ～ing の文。

### P.130・131

**1** 答 (1) to know  (2) swimming
(3) to speak  (4) cooking
(5) to use

考え方❗ それぞれの文の意味は次の通り。
(1) 「私はあなたの名前を知りたい」
(2) 「あなたは川で泳いで楽しみましたか」
(3) 「あなたはここでは英語で話す必要があります」
(4) 「私はカレーを料理するのが得意ではありません」
(5) 「私はこの自転車を使いたくありません」

**2** 答 (1) ① 彼のお母さんは本当に若い。
② 彼のお母さんは本当に若く見えます。
(2) ① 何人かの人たちが古い切手を見ています。
② 私は古い切手を見るのが好きです。

考え方❗ (1) ①は実際に若いことを表し，②は若く見えるということ。
(2) ① 現在進行形の文。 ② looking は like の目的語になっている。

**3** 答 (1) strange  (2) going

考え方❗ (1) 「あなたの話は奇妙に聞こえますが，

でも私はあなたを信じます」

(2) 「私は絵を見るのが好きです。美術館へ行くのはどうですか」

**4** 答 (1) want to be an English teacher

(2) didn't look happy this morning

(3) not good at swimming in the sea

(4) didn't try to run fast

(5) do you want to do

考え方 (1) 「私は英語の教師になりたい」 am が不要。

(2) 「私の姉〔妹〕は今朝楽しそうに見えませんでした」 to が不要。

(3) 「私は海で泳ぐのが得意ではありません」 on が不要。

(4) 「彼は速く走ろうとしませんでした」 of が不要。

(5) 「あなたは今日何がしたいですか」 are が不要。

**5** 答 (1) Do you want to play tennis now?

(2) I like walking with my dog(s). / I like to walk with my dog(s).

(3) The dictionary does not[doesn't] look new.

考え方 (1) want to ～の疑問文になる。

(2) ～ing か to ～を like の目的語として使う。

(3) look のあとに形容詞 new を続ける。主語が3人称・単数の否定文になる。

---

## まとめのテスト⑦　P.132・133

**1** 答 1 ア　2 イ　3 イ
4 イ　5 ア　6 ア

考え方 1 can のあとは原形。「兄〔弟〕は速く泳げます」

2 last week は過去を表す。「私は先週フットボールをしました」

3 two years ago は過去を表す。「ジェーンは2年前フランスに行きました」

4 yesterday morning(昨日の朝)は過去を表す。last morning とはふつう言わない。「彼は昨日の朝ここに来ませんでした」

5 can に s はつかない。「だれがこの質問に答えることができますか」

6 didn't のあとは原形。「私は昨日彼を訪ねませんでした」

**2** 答 1 私の母はスキーはできませんが, とても上手にスケートが滑れます。

2 トムはいつもは朝食を食べますが, 今朝は食べませんでした。

考え方 1 前半は否定文。

2 didn't のあとに, eat breakfast を補って考える。

**3** 答 1 Can　2 Did　3 had
4 When

考え方 1 「あなたは英語で手紙が書けますか」—「はい, 書けます」

2 「あなたは昨日公園へ行きましたか」—「いいえ, 行きませんでした」

3 「昼食に何を食べましたか」—「サンドイッチをいくつか食べました」

4 「あなたはいつ日本に来ましたか」—「3年前に日本に来ました」

**4** （答） 1　Jane cannot[can't] speak Japanese well.

2　We were in Kyoto yesterday.

3　Where did they play baseball?

4　Who can solve this problem?

（考え方）1　「ジェーンは上手に日本語が話せません」

2　「私たちは昨日京都にいました」

3　「彼らはどこで野球をしましたか」

4　「だれがこの問題を解けますか」

**5** （答） 1　He did not do his homework yesterday. （yesterday は文頭でも可）

2　My father can speak English and French[French and English].

（考え方）1　「彼は昨日宿題をしませんでした」

2　「父は英語とフランス語〔フランス語と英語〕が話せます」

**6** （答） 1　Who helped our teacher? ── Tadashi did.

2　What can you see in this picture? ── I can see some animals.

（考え方）1　Who を主語として使う。

2　答えの文は主語を補って考える。

**1** （答） 1　イ　　2　ア　　3　ア
4　イ　　5　ア　　6　イ

（考え方）1　最後の子音字を重ねる。「その列車は各駅にとまりました」

2　read の過去形は read。「ケートは先週その本を読みました」

3　can に s がつくことはない。「だれもこの質問に答えられません」

4　didn't のあとは原形。「私は昨夜そのパーティーに行きませんでした」

5　see が原形。「私はそこでだれも人を見かけませんでした」

6　didn't のあとに watch the game が省かれている。「トムはその試合を見ましたが，私は見ませんでした」

**2** （答） 1　私の父はとても上手にこの新しいコンピュータを使えますが，私はそれが使えません。

2　今私にはたくさんの友だちがいますが，5年前はひとりもいませんでした。

（考え方）1　but 以下は can の否定文になっている。

2　any のあとに friends を補って考えるとわかりやすい。

**3** （答） 1　much　　2　welcome
3　for　　4　matter

（考え方）1　「この白いシャツはいくらですか」─「2,000 円です」

2　「ありがとうございます」─「どういたしまして」

3　「いらっしゃいませ」─「帽子を探しているのですが」

4　「どうされましたか」─「寒いです」

**4** （答） 1　Mr. Smith cannot[can't] write *kanji* well.

2　I was doing my homework then.

3　What time did Ann get to the station?

4　How are you?

（考え方）1　「スミスさんはうまく漢字が書けません」

**2** 「私はそのとき宿題をしていました」

3 「アンは何時に駅に着きましたか」

4 「私は元気です，ありがとう。あなたはいかがですか」→「ご機嫌いかがですか〔お元気ですか〕」

**5** （答）1　Did the teacher say anything about me?

2　How many students came to the party?

（考え方）1　「先生は私について何か言いましたか」

2　「何人の生徒がパーティーに来ましたか」

**6** （答）1　Who can answer this question? —— Junko can.

2　Did you take this picture or that one [picture]? —— I took this one [picture].

（考え方）1　答え方に注意。

2　答えの文は主語を補って考える。

**1** （答）1　△　　2　○　　3　×

（考え方）1　[ei]と[æ]。　　2　[ai]。

3　[i]と[(j)uː]と[ʌ]。

**2** （答）1　his　2　sister　3　don't

4　studied　5　boxes

6　second

（考え方）1　主格と所有格。　3　短縮形。

4　原形と過去形。　6　序数。

**3** （答）1　is not　2　This, yours

3　Let's play　4　don't, the[that]

5　came, ago

（考え方）1　be動詞の否定文。→5

3　誘う言い方。→22

4　一般動詞の否定文と冠詞。→10・14

**4** （答）1　How old　2　What time

3　Whose　4　Who

（考え方）1　年齢のたずね方。→25

2　時刻のたずね方。→23

3　「だれの」の意味の語。→21

4　Whoが主語。→32

**5** （答）1　How many bikes does he have?

2　Don't open the box.

3　These are interesting books.

4　Did he help his mother yesterday?

（考え方）2　禁止の命令文。→22

3　主語が複数の文。→16

**6** （答）1　Who is[Who's] this boy? —— He is[He's] my brother.

2　What is[What's] he doing now? —— He is[He's] washing his father's car.

（考え方）1　Whoの疑問文。→6

2　疑問詞で始まる現在進行形の疑問文。→30

**1** 答 1 △ 2 × 3 ○

考え方 1 [i:]と[e]。 2 [s]と[z]と[iz]。 3 [i:]。

**2** 答 1 has 2 swimming 3 us 4 those 5 old 6 forty

考え方 1 原形と3人称・単数形。◐ 17 2 mを重ねる。 3 主格と目的格。 5 反意語。 6 fourty ではない。

**3** 答 1 are playing 2 doesn't go 3 didn't do 4 Don't open 5 There are

考え方 1 現在進行形の文。◐ 28 2 主語は3人称・単数。◐ 18 3 過去の否定文。◐ 35 5 There are 〜. の文。◐ 39

**4** 答 1 Which 2 Where 3 What 4 What time

考え方 1 「どちらの」の意味の語。◐ 26 2 場所をたずねる文。◐ 27 3 形容詞としての What。◐ 12

**5** 答 1 He went to school by bus yesterday. 2 What is[What's] Tom doing in the room? 3 We are[We're] high school students. 4 Can Jane answer this question?

考え方 2 疑問詞で始まる現在進行形の疑問文。◐ 30 3 主語が複数の文。◐ 16

**6** 答 1 Who came here yesterday morning? ── Tom did. 2 I like apples, but I do not[don't] like oranges. How about you?

考え方 1 Who が主語の過去の疑問文。◐ 36 2 「〜はどうですか」は How about 〜? ◐ 25

**1** 答 1 ○ 2 × 3 △

考え方 1 [ou]。 2 [d]と[t]と[id]。 3 [u:]と[u]。

**2** 答 1 aunt 2 yours 3 fifth 4 August 5 children 6 right

考え方 3 序数。 4 月の名。 5 単数と複数。 6 同じ発音の語。

**3** 答 1 I'm not 2 look, happy 3 date 4 How tall 5 not studying

考え方 1 be 動詞の否定文。◐ 8 2 「〜に見える」は look。◐ 40 3 日付のたずね方。◐ 24 4 身長のたずね方。◐ 25 5 現在進行形の否定文。◐ 28

**4** 答 1 day 2 Are 3 Is, or 4 Did

考え方 1 曜日のたずね方。◐ 24 2 現在進行形の疑問文。◐ 29 3 or のある疑問文。◐ 4・5 4 一般動詞過去の疑問文。◐ 36

**5** 答 1 He does not[doesn't] have any brothers. 2 How did he come to the party? 3 This picture is beautiful. 4 Let's listen to the song.

考え方 1 主語が3人称・単数で一般動詞の否定文。◐ 15・18 3 形容詞の2用法。◐ 13 4 誘う文。◐ 22

**6** 答 1 How many apples did you eat [have] today? ── I ate[had] five (apples). 2 Whose pencil(s) did you use? ── I used my father's (pencil(s)).

考え方 1 疑問詞で始まる過去の疑問文。◐ 15・36 2 「だれの」は Whose で，あとに名詞を伴う用法。◐ 21・36

**1** 答 1　△　　2　○　　3　×
考え方 1　[ʌ]と[juː]。　　2　[iː]。
　　　3　[uː]と[ɑ]と[ou]。

**2** 答 1　here　2　his　3　eighth
　　4　carried　5　took　6　get
考え方 1　同じ発音の語。　2　所有代名詞。
　　3　eighthth ではない。
　　5・6　take, get は不規則動詞。

**3** 答 1　These, ours　2　from, too
　　3　How did　4　Don't, please
　　5　What, reading
考え方 1　主語は複数。◯ 16・20
　　3　交通手段をたずねる how。◯ 25
　　5　What で始まる現在進行形の疑問
文。◯ 30

**4** 答 1　wrong number　2　How much
　　3　I help　4　How, to
考え方 1　電話での会話。◯ 33
　　3　店員の「いらっしゃいませ」。◯ 33

**5** 答 1　He did not[didn't] see the
new movie.
　2　When did she get that pretty doll?
　3　Kate is making lunch in the
kitchen.
　4　How many students went to the
party?
考え方 1　一般動詞過去の否定文。◯ 35
　　2　When で始まる一般動詞過去の疑問
文。◯ 36
　　3　make は making に。◯ 28
　　4　How many students を主語として
使う。◯ 15・36

**6** 答 1　What do you want to do today?
── I want to go to the park.
　2　When did he write the book? ──
He wrote it twenty[20] years ago.
考え方 1　〈want to ～〉の疑問文。◯ 40
　　2　When で始まる一般動詞過去の疑
問文。◯ 36

38

# 英語のことわざ・格言

## Time is money.

（時は金なり）

英語のことわざの中で最もかんたんなものの１つ。時間はお金のように貴重なものだから，むだに使ってはいけないということです。

## Like father, like son.

（この父にして，この子あり）

like は「〜に似ている」という意味です。子どもは親に顔も性格も似てくるものだということで，ふつうは，よくない性格に使うようです。お父さんにしかられたときに使うと，お父さんはもっと怒ることだけはまちがいないでしょう。

## Do not cast pearls before swine.

（ぶたに真珠）

文字通りに訳すと「ぶたの前に真珠を投げるな」ということ。どんなねうちのあるものでも，ねうちのわからない人には，なんの役にも立たないということです。「猫に小判」という日本のことわざをあてることもあります。

## Too many cooks spoil the broth.

（船頭多くして船，山に登る）

broth というのはスープの一種で，文字通りには「料理人が多すぎると，スープをだいなしにしてしまう」ということ。さしずする人が多すぎると，かえって物事がうまく行かないということです。